KB183902

시경
강의
4

제풍齊風
진풍陳風
조풍曹風

시경 강의 4 : 제풍·진풍·조풍

발행일 초판 1쇄 2024년 11월 30일
강의 우응순 | **정리** 김영죽
펴낸곳 북튜브 | **펴낸이** 박순기 | **주소** 경기도 고양시 덕양구 소원로181번길 15, 504-901
전화 070-8691-2392 | **팩스** 031-8026-2584 | **이메일** booktube0901@gmail.com
ISBN 979-11-92628-40-0 04140   979-11-977503-0-4[세트]

이 책은 저작권자와 북튜브의 독점계약에 의해 출간되었으므로 무단전재와 무단복제를 금합니다.
잘못 만들어진 책은 서점에서 바꿔 드립니다. 책값은 뒤표지에 있습니다.

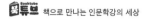 **북튜브** 책으로 만나는 인문학강의 세상

시경
강의
4

제풍齊風
진풍陳風
조풍曹風

우응순 강의
김영죽 정리

Booktube 북튜브

머리말

「제풍」(齊風), 「진풍」(陳風), 「조풍」(曹風)을 한 권으로 묶었습니다. 우선 25편의 시들을 쭉 한번 읽어 주십시오. '아~ 이런 내용이네' 하는 가벼운 마음으로. 이것으로 충분합니다. 그 후에 마음에 와닿는 작품들에 대한 오래된 해석이 궁금하다면 강의록에 눈길을 주십시오. 이런 말씀을 드리는 것은 『시경강의』 4에는 유독 당대 정치 상황에 대한 관련 기록이 많이 들어갔기 때문입니다. 『춘추좌전』, 『사기』가 곳곳에서 출몰합니다. "아니, '시'를 읽고 싶을 뿐인데 춘추시대 역사까지 알아야 하나", 이런 마음에 책을 덮으실까 하는 기우입니다.

「제풍」의 〈남산〉부터는 춘추시대 최대 치정(癡情) 사건이 이어져서 불편하실 수도 있습니다. 노 환공의 아내 문강을 중심으로 오빠 양공과 아들 장공에 관한 기록도 번잡합니다. 노와 제, 양국의 입장이 다르고 역사 기록과 시의 언어 사이에서 오는 편차도 있지요. 시시비비의 베일을 벗고 남녀의 '눈먼 사랑' 노래로 읽으셔도 됩니다. 예나 지금이나 '시'에 정치적, 윤리적 잣대를 들이대면 내면 깊숙한 곳에서 불편한 뭔가가 일어나기 마련이지요.

「진풍」은 대부분 가로수 길에 모인 청춘남녀의 연애시입니다. 가볍게 스텝을 밟게 됩니다. 다만 〈주림〉은 지금의 기준에서도 지나친 포르노그래피(pornography)입니다. 정 목공의 딸 하희를 둘러싸고 일어난 사건이지만, 역사 기록에도 〈주림〉에도 그녀의 존재는 은폐되어 있습니다. 그녀의 목소리를 듣고 싶은 안타까운 마음에서 짧은 시에 긴 설명을 덧붙였습니다.

「조풍」은 약소국 백성들의 탄식과 원망으로 가득합니다. 오만하고 무능한 군주는 계속 잘못된 선택을 하는데 그 주위에는 부추기는 간신들만 있으니 답답하지요.

이번에는 머리말을 쓰기까지 시간이 오래 걸렸습니다. 어느 때는 초고 때가 힘들고 어느 때는 재교에서 시간을 잡아먹는데, 이번에는 뜻밖에 머리말이 발목을 잡았습니다. 계절이 바뀌면서 몸과 마음이 무겁고 움직임이 둔해졌는데요. 극렬했던 더위에 도전했던 새벽 산책, 근력운동의 후유

증일까, 그럴만한 나이가 된 것인가, 마음을 가라앉히느라 애를 먹었습니다. 이상하 선생님의 '불교와 성리학' 강의를 들으며 큰 도움을 받았습니다. 어렵게 시간을 내어 강의를 해주신 선생님께 감사드립니다. 허술한 저를 계속 이끌어 주십시오.

1986년 가을, '교양 국어'로 강의를 시작한 이래 평생을 선생으로 살고 있습니다. 실력 있는 선생이 되고 싶었지만 너무 버거운 짐이라 지천명을 넘어서면서 제풀에 내려놓았습니다. 지금도 매번 강의 준비에 허덕이면서 부끄럽지 않은 선생이 되려 하지만 이제는 이 역시 허세란 생각이 듭니다. 그냥 '학인'으로 나이 들어 가겠습니다. 강의와 세미나를 리추얼(ritual)로 삼고 긴장과 이완의 리듬을 조율해 보겠습니다. 마음의 중심추를 '학인'의 자리로 옮겨서 매일 화창한 봄날 같은 기쁨의 나날을 누리려 합니다. 온통 병들고 아픈 세상에서 이런 욕심을 부려도 되나 두렵지만 '고전완독 시리즈'를 위한 방편으로 변명하겠습니다.

올해 한국학대학원 청계학당에서 『시집전』을 강의하고 있습니다. 아홉 명의 2, 30대 학생들과 「주남」, 「소남」, 「소아」, 「대아」를 읽으면서 처음 『시경』과 가슴 벅차게 만났던 그 시절로 돌아가곤 합니다. 저에게 『시경』은 한없이 고마운 존재입니다. 삶의 굴곡에서 '시 삼백'으로 지친 몸과 마음을 위로받고 추스를 수 있었습니다. 그것만으로 충분한데 책을 내고 귀한 인연을 맺고 있으니…. 서달산을 걷다가 유달리 큰 도토리나무를 만나면 기도합니다. "시 삼백의 나무, 꽃, 나물 신들이여! 고맙습니다. 강건하셔야 합니다."

항상 고마운 분들이 많습니다. 김영죽 선생님, 변함없이 강의록 세미나에 참여하시는 '우공이산' 멤버들에게 사랑을 전합니다. 8주 단위로 토요일 오전에는『주역』, 목요일 저녁에는『춘추좌전』완독, 일요일 오후에는『당송팔대가』강의를 진행하고 있습니다. 이런 강좌를 10년 가까이 계속하다니, 대단한 분들이 같이해 주셔서 가능한 일입니다. 한 분, 한 분께 머리 숙여 감사드립니다. 저에게 편작이고 화타이신 양승일 선생님께도 귀한 인연에 감사드립니다. 그리고 북튜브 박순기 사장님! 항상 미안하고 고맙습니다.

2024년 11월

우응순 씀

진풍(陳風), 진 지역의 노래　　137

조풍(曹風), 조 지역의 노래　　221

| **일러두기** |

1 이 책은 『시경』「제풍」(齊風), 「진풍」(陳風), 「조풍」(曹風) 편에 대해 지은이가 강
독한 내용을 담고 있습니다. 강의 녹취는 김영죽이 주도적으로 풀고 정리했으며,
「인문학당 '상우'」의 '우공이산' 세미나팀에서 녹취원고를 함께 읽고, 공부하고,
토론했습니다.

2 이 책에 실린 『시경』의 번역은 모두 지은이의 것입니다.

3 단행본의 제목에는 겹낫표(『 』)를, 『시경』과 『논어』 등의 편명, 노래나 영화의 제
목에는 낫표(「 」)를 사용했으며, 각 시의 제목에는 꺾쇠괄호(〈 〉)를 사용했습니
다.

4 인명·지명 등 외국어 고유명사는 2017년 국립국어원에서 개정한 외래어표기법을
따라 표기했습니다.

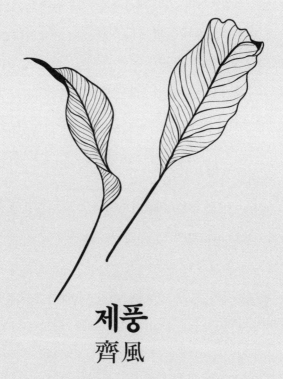

제풍

齊風

제 지역의 노래

여러분, 반갑습니다. 제나라의 노래 「제풍」(齊風) 11편을 읽겠습니다. 주(周)시대 제나라는 주 무왕이 강태공(姜太公)에게 봉해 준 제후국이지요. 그 후 16대 제 환공(桓公, 재위 : 기원전 685~643)이 재상 관중의 보필에 힘입어 패자가 되어 패자의 시대를 열지요(기원전 679). 춘추시대는 제 환공, 진 문공으로 대표되는 춘추오패(春秋五覇)의 시대입니다. 주나라 천자는 무력해지고 제후들의 패권정치가 행해졌는데요. 한마디로 약육강식으로 이합집산하는 세상입니다. 지금도 그렇지만요. 국제회담을 보면 패권국 대표들 중심으로 쭉 서서 사진을 찍으니까요.

다만 맹자가 만났던 제 선왕(宣王)은 전국시대 제후로 성도 '강'(姜)이 아니라 '전'(田)입니다. 제후의 성이 바뀌었지만, 나라 이름은 그대로 쓴 것이지요(기원전 386). 그래서 사마천은 「제태공세가」(齊太公世家)와 「전경중완세가」(田敬仲完世家)를 별도로 썼습니다. 한때 기세등등했던 제 환공의 나라도 시운의 변화에 따라 강씨에서 전씨의 나라로 바뀌었지요. 기원전 221년에는 전국시대 경쟁국 중에 맨 마지막으로 진 시황에 의해 병합되었고요.

지금도 낚시의 달인, 마니아분들이 월척을 낚으면 '강태공'이라 하는데요. 역사 기록 속의 강태공은 어떤 사람이었을까요? 『사기』에는 태공망(太公望)·여상(呂尙)으로 나옵니다. '여'(呂)는 봉해 받은 땅 이름인데, 그때는 봉지가 '씨'(氏)가 되었답니다. 사실 강태공, 이분은 호칭이 많습니다. 주 문왕 때는 '태공망'이라 불렸고, 무왕 때에는 '사상보'(師尙父)였습니다. 후대에는 '강태공', '강자아'(姜子牙), '강아'(姜牙), '여상' 등으로 불렸답니다. 명(明)나라 때 나온 신마소설(神魔小說) 『봉신연의』(封神演義)에서는 주인공 '강자아'로 나와 맹활약을 펼칩니다. 만화, 게임, 드라마로도 인기가 높은 매력 만점, 영웅 캐릭터입니다.

그런데 강태공은 낚시하던 재야의 처사(處士)에서 어떻게 제후의 자리까지 갔을까요. 드라마틱한 과정이 있었답니다.

여상은 가난하고 나이가 많았는데 낚시질로 주 서백(문왕)에게 알려질 길을 찾았다.

서백이 사냥을 나가려고 점을 쳤는데, 점괘에 이렇게 나왔다.

"잡을 것은 용도 이무기도 아니고, 호랑이도 곰도 아니다. 잡을 것은 패왕을 보필할 인재이다."

이에 서백이 사냥을 나갔다가 과연 위수 북쪽에서 여상을

만났는데, 그와 이야기를 나누고는 크게 기뻐하며 이렇게
말하였다.

"나의 선대의 태공(문왕의 할아버지 고공단보) 때부터 이르
기를 '장차 성인이 주나라에 올 것이며, 주나라는 그로 인
하여 일어날 것이다'라고 하였습니다. 선생이 진정 그분이
시군요. 나의 태공께서 선생을 기다린 지가 오래되었습니
다."

이리하여 그를 '태공망'(太公望)이라고 부르며 수레에 함께
타고 돌아와서 국사로 삼았다. 『사기』 권32 「제태공세가」

呂尙蓋嘗窮困, 年老矣, 以漁釣奸周西伯. 西伯將出獵,
려 상 개 상 궁 곤   년 로 의   이 어 조 간 주 서 백   서 백 장 출 렵
卜之.
복 지
曰 : "所獲非龍非彲非虎非羆 ; 所獲霸王之輔."
왈   소 획 비 룡 비 리 비 호 비 비   소 획 패 왕 지 보
於是周西伯獵, 果遇太公於渭之陽, 與語大說.
어 시 주 서 백 렵   과 우 태 공 어 위 지 양   여 어 대 열
曰 : 自吾先君太公曰 : '當有聖人適周, 周以興.'
왈   자 오 선 군 태 공 왈   당 유 성 인 적 주   주 이 흥
子眞是邪? 吾太公望子, 久矣."
자 진 시 야   오 태 공 망 자   구 의
故號之曰 : '太公望', 載與俱歸, 立爲師.
고 호 지 왈   태 공 망   재 여 구 귀   립 위 사

그렇습니다. 연로하고 가난했던 강태공이 낚시터에 있
었던 것은 권력자에게 자신의 존재를 알리기 위한 방편이었
습니다. 유유자적, 취미활동이 아니었지요. 재야의 고수로

입신양명의 기회를 엿본 것입니다. 그는 방벌(放伐)을 반대하고 수양산에서 굶어 죽은 백이·숙제(伯夷·叔齊)와는 다른 유형의 지식인이었지요.

문왕이 할아버지 고공단보의 예언을 끌어들인 것은 나이 많고 신분이 낮았던 강태공을 국사로 발탁하기 위한 설정이라고 봐야 합니다. 꼭 필요한 인물이 재야에 있고 신분이 낮을 때, 주위의 반대를 막기 위해서는 조상님의 예언, 꿈을 이용한답니다. "예정되어 있었던 일이다. 잠자코 있어라", 대충 이런 식이죠.

이렇게 문왕의 책사(策士)가 된 강태공은 문왕의 사후에는 문왕의 아들 무왕의 사상보가 되어 주나라 건국의 일등공신이 됩니다. 사상보는 군 총사령관인 태사(太師)이자 아버지로 모시는 어른이란 뜻입니다. 대단하지요. 신하가 군주의 아버지 대우를 받다니. 태공망의 딸 읍강(邑姜)이 무왕의 정비(正妃)였으니, 장인어른이기도 했지만요. 무왕은 은(殷)나라를 평정한 후에 사상보를 동쪽 땅 영구(營丘) 일대(지금의 산동성 치박시)에 봉합니다.

주를 세운 후에 무왕은 고심에 고심을 더합니다. 스트레스로 밤잠을 이루지 못했다고 하네요. 원래 창업(創業)보다 수성(守城)이 어려운 법이지요. 광대한 영토, 수많은 인구를 어떻게 통치할 것인가? 당시 여건으로는 직접 통치는 불가능했지요. 그래서 봉건제(封建制)와 종법제(宗法制)를 결합한 제도를 만듭니다. 봉건제는 천자의 나라를 중심에 두고 '공·후·백·자·남'(公·侯·伯·子·男), 5등급의 제후국이 울타리가 되어 수호하는 구조입니다. 제후들은 천자의 나라에 대한 조회, 의례의 의무가 있습니다. 천자는 불복하는 제후국을 징치하는 토벌권(討伐權)이 있는데, 이때 제후국들은 군대를 동원해서 응해야 합니다.

천자의 입장에서 제후에게 땅과 백성에 대한 전권을 위임하는 것은 큰 권한을 주는 것으로, 위험한 선택이 될 수도 있습니다. 그렇기 때문에 신중할 수밖에 없지요. 그래서 무왕은 다시 종법제를 택하여 자신의 동생들을 제후로 삼습니다. 동성(同姓)의 제후국이지요. 장자의 집안인 본가(本家)에서 분가(分家)한 것처럼요. 본가를 '대종'(大宗)이라 하고 분가를 '소종'(小宗)이라 합니다. 지금도 종갓집, 큰집, 작은집, 이런 단어가 익숙하실 겁니다.

동생 주공 단(旦)을 노(魯)에, 소공 석(奭)을 연(燕)에, 숙선(叔鮮)을 관(管)에, 진탁(振鐸)을 조(曹)에, 이런 식으로 차례대로 봉했습니다. 동성의 제후국을 만든 것이지요. 나중에 성왕(成王)이 작은아버지 봉(封)을 위(衛)에, 동생 당숙우(唐叔

友)를 진(晉)에 봉합니다. 11대 천자 선왕(宣王)은 마지막으로 동생 희우(姬友)를 정(鄭)에 봉하는데요. 그래서 노, 위, 정, 진, 조 등은 모두 '희'(姬) 성의 제후국으로 서로 결혼할 수 없습니다. 제나라 강(姜)씨 여인들이 노, 위 등 주변의 제후들과 계속 결혼한 이유입니다. 문강, 애강, 목강, 이강, 장강, 선강…. 모두 제나라 제후의 딸들입니다.

무왕이 요와 순, 우의 후손을 제후로 봉했지만 모두 조상의 제사만 받들 정도의 작은 지역입니다. 주 천자에게 위협이 되기를 원치 않았으니까요. 문제는 강태공이었지요. 워낙 무시할 수 없는 혁혁한 공을 세웠기 때문에 가장 먼저 봉했다고 합니다. 그런데 어느 지역, 어느 정도의 땅이 적당할까요? 재미있는 에피소드가 있습니다.

이에 무왕은 상나라를 평정하고 천하의 왕이 되었다.

사상보를 제의 영구에 봉하였다.

사상보가 동쪽으로 봉국에 갈 때에 도중에 묵으면서, 가는 것이 매우 느렸다.

여관의 주인이 말하였다.

"내가 듣기에 시기를 얻기는 어려워도 잃기는 쉽다고 하였습니다. 손님은 잠자는 것이 매우 편안하니 마치 봉국에 부임하는 이가 아닌 것 같군요."

태공은 이 말을 듣고 한밤중에 옷도 갈아입지 않고 급하게
가서 새벽에 봉국에 닿았다.

이때 내후(萊侯)가 침공해 와서 태공과 영구를 놓고 다투었
다.

영구는 내(萊)와 가까이에 있었고 내 사람들은 이족이었는
데, 상나라 주왕의 정치가 혼란스러웠고, 주 왕조가 이제
막 서서 먼 나라들까지 안정시키지 못하는 틈을 타서 태공
과 영토를 다툰 것이다. 『사기』 권32 「제태공세가」

於是武王已平商而王天下, 封師尙父於齊營丘.
어 시 무 왕 이 평 상 이 왕 천 하   봉 사 상 보 어 제 영 구
東就國, 道宿行遲. 逆旅之人曰:"吾聞時難得而易失.
동 취 국   도 숙 행 지   역 려 지 인 왈   오 문 시 난 득 이 이 실
客寢甚安, 殆非就國者也."
객 침 심 안   태 비 취 국 자 야
太公聞之, 夜衣而行, 黎明至國.
태 공 문 지   야 의 이 행   여 명 지 국
萊侯來伐, 與之爭營丘. 營丘邊萊. 萊人, 夷也,
래 후 래 벌   여 지 쟁 영 구   영 구 변 래   래 인   이 야
會紂之亂而周初定, 未能集遠方, 是以與太公爭國.
회 주 지 란 이 주 초 정   미 능 집 원 방   시 이 여 태 공 쟁 국

한마디로 태공망은 제후가 되었지만 봉지가 마음에 들
지 않았던 것이지요. 발걸음이 지지부진합니다. 동쪽 변방
의 소금기 많은 땅을 주다니, 섭섭했던 겁니다. 무왕의 입장
에서는 아직 정복되지 않은 지역을 안정시키라는 뜻이 있었

겠지요. 하지만 속마음은 자신의 사후를 걱정했을 겁니다. 무왕의 아들 성왕은 강태공의 외손자입니다. 어린 손자(성왕)의 섭정왕이 될 우려가 있었지요. 그럼 주나라는 누구의 나라가 될까요? 강태공의 막강한 세력을 견제하고 차단해야 했습니다. 무왕의 사후, 어린 성왕이 등극했을 때 주공이 7년간 섭정했다고 합니다. 동생이 섭정왕이 되었어도 왕자의 난을 피할 수 없었지요. 자세한 이야기는 「빈풍」(豳風)에서 말씀드리겠습니다.

무왕은 몰랐겠지만 제나라는 비옥하고 물산이 풍부한 풍요의 땅이었고, 인구도 많았지요. 강태공은 비범한 역량을 발휘하여 제를 대국으로 키웁니다. 저는 당시에 무왕이 자세한 지리 정보를 알았다면 강태공을 제 땅에 봉하지 않았을 거라고 확신합니다. 서쪽 끝 호경(鎬京 : 지금의 서안 일대)에 살았던 무왕은 제후들의 봉지를 직접 가 볼 수 없었고, 자세한 정보도 갖고 있지 않았습니다. 그냥 이런저런 소문을 들었을 뿐. 무엇보다 해안 지역이 지닌 경제적 가치를 몰랐던 겁니다. 주는 선조가 유목민이었고 섬서성 일대 내륙에서 세력을 키운 까닭에 바다의 가치를 알 수 없었겠지요.

제나라는 태공망 당시부터 대국이었고, 중간에 약간의 우여곡절이 있었으나, 양공(襄公, 재위 : 기원전 697~686), 환공시대에 이르면 명실상부한 패권국이 됩니다. 「제풍」은 이 시대를 배경으로 한답니다.

제나라가 강대국으로 부상할 수 있었던 이유는 무엇일까요? 넓은 땅과 풍부한 물산, 많은 인구, 그리고 유능한 지도자와 인재들의 맹활약이 모두 필요한데요. 주자의 언급을 읽어 볼까요?

주 무왕이 태공망을 봉하여 동쪽으로는 바다에 이르고, 서쪽으로는 하수에 이르렀으며, 남쪽으로는 목릉에 이르렀고, 북쪽으로는 무체에 이르렀다.

태공은 강씨이니 본래 사악의 후예인데, 제나라에 봉해진 후에 공업과 상업을 원활히 유통시키고 어업과 염전의 이익을 편리하게 하였다. 백성들이 많이 귀의하여 대국이 되었다.

周武王以封太公望, 東至于海, 西至于河, 南至于穆陵,
주 무 왕 이 봉 태 공 망　동 지 우 해　서 지 우 하　남 지 우 목 릉
北至于無棣.
북 지 우 무 체
太公, 姜姓, 本四岳之後, 旣封於齊, 通工商之業,
태 공　강 성　본 사 악 지 후　기 봉 어 제　통 공 상 지 업
便魚鹽之利. 民多歸之. 故爲大國.
편 어 염 지 리　민 다 귀 지　고 위 대 국

넓은 땅에 물산이 풍부했군요. 바닷가 지역이라 어업과

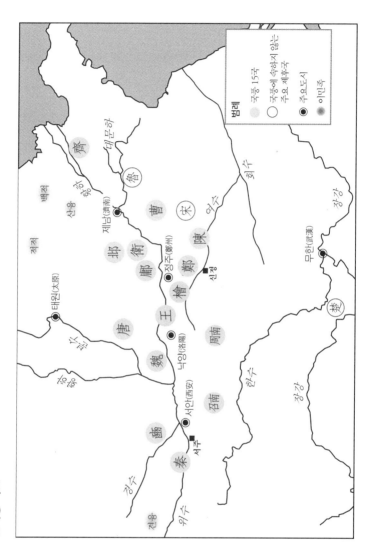

범례

국풍 15국	
국풍에 속하지 않는 주요 제후국	○
주요도시	◉
이민족	●

제풍(齊風), 제 지역의 노래 21

소금 생산으로 얻는 이익이 막대했는데, 각국과의 통상 정책에 치중했지요. 이용후생(利用厚生)! 이런 정치를 하면 인구가 늘고 사방에서 귀의하는 사람들도 많아지지요. '관포지교'(管鮑之交)로 유명한 관중과 포숙아를 보면 젊은 날에 생선 도매업을 했다고 합니다. 제 환공은 인재 풀을 넓혀 상인, 재야의 평민 지식인을 발탁합니다. 유능한 인물들에게 국정을 맡긴 후에는 자신은 중요한 정책에만 관여했는데요. 특히 관중을 재상으로 삼은 후에 40여 년 동안 신임합니다. 관중은 민생, 경제에 정통한 전문 관료였습니다. 관중의 사상은 『관자』(管子) 86편에 담겨 있는데, 그 핵심은 국가자원 활용, 민생안정, 경제 정책입니다.

봉지를 가지고 백성을 다스리는 사람은 그 임무가 사계절을 살펴서 농사가 잘되게 하고, 그 직분은 창고가 가득하게 하는 데 있다.

나라에 재물이 많으면 먼 곳의 사람들이 찾아오고 토지를 개간하면 백성들이 정착하여 산다.

창고가 가득 차면 백성들이 예절을 알고 의식이 풍족하면 영욕을 안다. 『관자』 권1 「목민」

凡有地牧民者, 務在四時, 守在倉廩.
범 유 지 목 민 자　무 재 사 시　수 재 창 름

國多財, 則遠者來, 地辟舉, 則民留處;
국 다 재　즉 원 자 래　　지 벽 거　즉 민 류 처

倉廩實, 則知禮節, 衣食足, 則知榮辱.
창 름 실　즉 지 례 절　　의 식 족　즉 지 영 욕

『관자』권1, 「목민」(牧民)의 첫 부분입니다. 관중이 추구하는 정치는 공자와 다릅니다. 처음부터 끝까지 경제, 민생 안정과 부국강병이지요. 법가(法家)의 시작을 관중으로 보는 이유입니다. 관중, 자산, 상앙, 이사, 한비자로 이어지는 법가의 계보에서도 관중의 위상은 우뚝하답니다. 독보적이지요.

자, 그럼 이제 이 풍요로운 땅에서 불렸던 「제풍」의 시들을 볼까요?

1. 계명鷄鳴

鷄旣鳴矣 朝旣盈矣
계 기 명 의 조 기 영 의

"닭이 벌써 울었네요.
조정에 신하들이 모였을 거예요."

匪鷄則鳴 蒼蠅之聲
비 계 즉 명 창 승 지 성

닭이 운 게 아니라,
쉬파리 소리였네.

東方明矣 朝旣昌矣
동 방 명 의 조 기 창 의

"동녁이 밝았네요.
조정에 신하들이 모였을 거예요."

匪東方則明 月出之光
비 동 방 즉 명 뭘 출 지 광

동녁이 밝은 것이 아니라
달빛이었네.

蟲飛薨薨 甘與子同夢
충 비 훙 훙 감 여 자 동 몽

벌레 소리 웅웅웅.
그대와 단꿈 꾸고 싶지만.

會且歸矣 無庶予子憎
회 차 귀 의 무 서 여 자 증

신하들이 모였다가 흩어져,
그대를 미워하면 어떡해요.

　　　　〈계명〉은 3장 4구입니다. '계명', '닭이 울었다'
라는 단어를 들으면, '아! 새벽 일찍 일어나는 부지런한 사람
들 이야기구나', 감이 옵니다. 「정풍」(鄭風) 〈여왈계명〉(女曰鷄

鳴)에서는 아내가 "닭이 울었어요"라 하자, 남편이 "아직 어두운걸?", 이렇게 대답하지요. 아내는 주살로 오리와 기러기를 잡아 오면 안주를 맛있게 만들어 주겠다고 하고요. 정겨운 부부 사이의 새벽 대화입니다(『시경 강의』3, 117~125쪽).

「제풍」〈계명〉에서 작중 화자는 군주를 모시는 현명한 후비[賢妃]로 설정되어 있습니다. 그녀는 날이 샐 무렵[將旦之時]에, "닭이 울었으니 벌써 조정에 신하들이 와 있을 거예요"라고 합니다. 군주가 조회에 늦을까 걱정하는 것이지요[必告君曰 : '雞旣鳴矣, 會朝之臣, 旣已盈矣.' 欲令君早起而視朝也]. 휴우, 지금 아이들 깨워서 학교 보내듯 하는군요. 「모시서」(毛詩序)는 이 시를 '어진 후비를 그리워한 작품'[思賢妃]이라고 봅니다. 태공망 이후 6대 제후 애공(哀公)이 여색에 빠지고 정무에 태만하자[荒淫怠慢] 현명한 아내가 밤낮으로 이런 경계의 말을 했다는데, 주자는 애공과 연결 짓지 않고, '시인'(詩人)이 현비의 덕을 찬미한 작품으로 봅니다.

그래도 애공이 어떤 인물인가, 궁금하긴 합니다. 『사기』「제태공세가」에는 주변 제후국인 기후(紀侯)의 참소로 당시 천자였던 이왕(夷王)에게 팽형(烹刑)을 당했다고 하네요. 어쩌다가 팽형이라는 극형을…. 동생이 즉위하여 호공이 되었고요. 아내의 충고가 별 효력이 없었나 봅니다. 씁쓸하지요.

애공과의 관련 여부와는 별개로 후대의 인용을 보면 「제풍」의 〈계명〉은 자의적인 해석이 허용되지 않는 정형화된 시입니다. 왕후와 세자 부인의 덕목이 되었거든요. 『조선왕조실록』에 있는 예를 하나 보겠습니다. 태종이 세종을 세자로 봉할 때 세자빈 경빈(敬嬪) 심씨에게 내린 책문입니다.

경빈에게 내린 책문은 이러하였다.

"공의를 따라서 원량을 세우니 세자가 곧 정해졌고, 그 배필을 중하게 여김은 종사를 잇기 때문이다. 위호를 마땅히 높여야 하므로, 이에 아름다운 칭호를 주고 책봉하여 떳떳한 법전을 높이노라.

아아! 너 심씨는 곧고 아름다운 성품을 타고나 단정하게 몸을 닦아서 항상 공경하고 두려워하는 마음을 가지니, 일찍부터 근검한 덕이 나타나서 능히 아내의 도리를 돈독히 하여 진실로 '가인'(家人)에 합당하였으므로, 좋은 날을 가려서 예의를 갖추었다. 이제 신(臣) 아무개를 보내어 책봉하여 경빈으로 삼으니, 정숙하고 화합하여 내조하되, 정성은 항상 '계명'에 간절할 것이요, 힘써서 서로 이루되, 상서로움이 '린지'에 더욱 응할지어다."

『조선왕조실록』 태종 18년(1418) 6월 17일

敬嬪之冊曰：順公義而建元良, 儲副卽定；
경 빈 지 책 왈　순 공 의 이 건 원 량　저 부 즉 정

重匹配以承宗社, 位號宜崇. 爰擧徽稱, 冊尊彝典.
중 필 배 이 승 종 사　위 호 의 숭　원 거 휘 칭　책 존 이 전

咨爾沈氏, 貞嘉稟性, 端正飭躬. 常存敬畏之心,
자 이 심 씨　정 가 품 성　단 정 칙 궁　상 존 경 외 지 심

夙著勤儉之德. 克敦婦道, 允孚家人. 穀朝于差,
숙 저 근 검 지 덕　극 돈 부 도　윤 부 가 인　곡 조 우 차

縟禮斯備.
욕 례 사 비

今遣臣某, 冊爲敬嬪. 肅雍內助, 誠恒切於雞鳴；
금 견 신 모　책 위 경 빈　숙 옹 내 조　성 항 절 어 계 명

黽勉相成, 祥益膺於麟趾.
민 면 상 성　상 익 응 어 린 지

거의 암호문 수준이군요. '가인'은 『주역』의 '풍화가인'
(☲☴) 괘를 말합니다. 아내의 직분을 다하여 집안을 원만히 관
리하는 도리가 나온답니다. 그리고 '계명'을 말하여 세자의
아내로 남편을 제대로 보필하라고 합니다. 다음은? 두말할
필요 없이 후사가 중요하지요. '린지'는 「주남」〈린지지〉(麟之
趾)를 말합니다. 기린처럼 훌륭한 후손을 낳아서 왕가를 빛
내라는 거죠. 이런 책문을 받으면 어깨가 저절로 무거워지
겠네요. 물론 세종대왕의 정비 소헌왕후(昭憲王后) 심씨(沈
氏)는 책문의 내용을 모두 완수했지요. 조선시대 왕후의 모
범이 되었고, 슬하에 무려 8남 2녀를 두었으니까요.

이제, 〈계명〉을 한 구절씩 살펴보도록 하겠습니다.

① 鷄旣鳴矣 朝旣盈矣 匪鷄則鳴 蒼蠅之聲

'계기명의 조기영의'(鷄旣鳴矣 朝旣盈矣)에서 '계기명의'는 '닭이 이미 울었다'는 뜻이죠. 닭은 동트기 전 새벽 4~5시쯤에 웁니다. 현명한 아내는 '어서 일어나 조회에 참석할 채비를 하라'고 하네요. 조정 대신들이 먼저 출근해서 군주를 기다리고 있으니까요. '아침 조'(朝)는 여기서는 '조정'(朝廷)을 말하고, '영'(盈)은 '~이 꽉 차다'라는 뜻입니다. 조정에 신하들이 기다리고 있으니 당연히 군주도 늦지 않아야지요.

「소아」(小雅) 〈정료〉(庭燎)에는 누가 깨우기도 전에 일어나는 천자가 나옵니다. 3장 5구로 된 작품인데 1장만 읽어 볼까요?

밤이 얼마나 되었느냐? / 아직 새벽녘이 아니지만 /
뜰의 화톳불 빛나고 / 군자가 이르니 / 방울소리 쨍그랑쨍그랑

夜如何其 夜未央 庭燎之光 君子至止 鸞聲將將
야 여 하 기 야 미 앙 정 료 지 광 군 자 지 지 란 성 장 장

왕이 조회에 늦을까 봐 걱정되어 밤잠을 제대로 이루지 못하는 것입니다. 자꾸 시간을 물어보네요. 화톳불이 훤하

고 제후들이 타고 온 말들의 방울소리가 들리니, 조회 시간이 다 되었군요. 군주가 이런 마음과 태도를 지녔다면 국정이 원만하게 운영되겠지요.

북송 왕우칭(王禹偁, 954~1001)의 『대루원기』(待漏院記)에는 재상과 대신들이 새벽에 대루원에서 대궐 문이 열리기를 기다리는 모습이 나옵니다. 대루원은 새벽에 출근한 재상, 관료들이 기다리는 장소입니다. '물 샐 루'(漏)는 여기서는 물시계로, '대루'는 '조회'를 기다린다는 뜻이 되었습니다. 여기서 왕우칭은 어떤 생각을 하느냐에 따라 국정이 달라진다고 합니다. 사심으로 사욕을 채울 것만 고심하면 민심이 동요되고 천자의 자리가 위태롭게 되면서 정권이 무너지겠지요.

'비계즉명 창승지성'(匪鷄則鳴 蒼蠅之聲). 아이구, 닭 울음소리가 아니었군요. '비'(匪)는 '~이 아니다'이지요. '창승'(蒼蠅)은 '푸를 창', '파리 승'으로 쉬파리를 말합니다. 쉬파리 떼 소리였다니, 반전입니다. 쉬파리 떼 소리가 멀리서 들리는 닭 울음소리와 비슷하다고는 합니다. 하지만 왜 이런 일이 일어났을까요? 주자는 이렇게 설명합니다.

대개 어진 후비가 일찍 일어나야 할 때를 당하여 마음이 항상 늦을까 두려웠다. 그래서 그와 비슷한 소리를 듣고서 닭 울음소리라고 여긴 것이다.

마음에 경계하고 두려워함이 있고 안일함에 머물지 않은
자가 아니라면 어찌 이럴 수 있겠는가?

그래서 시인이 이 일을 기술하여 찬미한 것이다.

蓋賢妃當夙興之時, 心常恐晚. 故聞其似者而以爲眞,
개 현 비 당 숙 흥 지 시 심 상 공 만 고 문 기 사 자 이 이 위 진
非其心存警畏而不留於逸欲, 何以能此?
비 기 심 존 경 외 이 불 류 어 일 욕 하 이 능 차
故詩人敍其事而美之也.
고 시 인 서 기 사 이 미 지 야

그럴 수 있지요. 중요한 시험이 있는 전날 밤엔 잠을 제
대로 잘 수 없고, 시계를 잘못 보아 허둥대기도 하니까요. 그
런데 조회만 이렇게 일찍 한 것이 아닙니다. 『예기』「내칙」
(內則)을 보면 집안 식구가 모두 '새벽에 닭이 처음 울 때'[鷄
初鳴]에 일어나 하루를 시작합니다. 세수, 양치질, 머리 손질,
옷 챙겨 입기를 마친 후에 부모님께 문안 인사를 드리지요.
이 내용은 『소학』「명륜」(明倫)에도 나오는데요. 확실히 우리
와는 다른 생활 리듬으로 움직인 시대군요.

② 東方明矣 朝旣昌矣 匪東方則明 月出之光

'동방명의 조기창의'(東方明矣 朝旣昌矣)를 볼까요. 동녘이 밝

았다면 해가 뜬 것이지요. 당연히 조정에 신하들이 기다리고 있겠군요. '창성할 창'(昌)은 창덕궁(昌德宮), 번창(繁昌) 등의 단어로 우리에게 익숙하지요. 여기서도 많다, 가득하다[盛]는 뜻입니다. 이번에도 아내가 일어나라고 재촉하는군요.

'비동방즉명 월출지광'(匪東方則明 月出之光). 이번에는 달빛을 해가 뜬 것으로 착각했군요. 해가 뜨면 군주가 조회를 보는 것이 상례(常禮)이니, 아내의 마음이 급했겠지요. 하지만 아직 시간 여유가 있습니다.

③ 蟲飛薨薨 甘與子同夢 會且歸矣 無庶予子憎

'충비훙훙 감여자동몽'(蟲飛薨薨 甘與子同夢)에서 '훙서할 훙'(薨)은 제후의 죽음을 기록하는 글자이지요. 지금이야 쓰이지 않지만요. 역사책을 보면 '훙거'(薨去), '훙서'(薨逝) 같은 단어가 나옵니다. 천자의 죽음은? 네, '붕'(崩)이라 합니다. 여기서 '훙훙'은 벌레가 떼 지어 나는 소리로 의성어입니다. 벌레들이 떼 지어 나는 것은 동이 틀 무렵으로 이때가 되면 온갖 벌레가 움직인다고 합니다. 그런데 작중 여인은 자신도 그대와 단꿈을 꾸고 싶다고 합니다. "나도 사실 일어나기

싫어요" 하면서 더욱 부드럽게 말하네요.

'회차귀의 무서여자증'(會且歸矣 無庶予子憎). 여기서 그녀의 속마음이 드러나는군요. 그대[子]가 나[予] 때문에 조정 관료들에게 비난받는 것이 싫다는…. '서'(庶)는 '바라다', '거의'라는 뜻이 있는데, '무' 자와 함께 쓰이는 '無庶~' 구문은 흔히 '~하지 않을까 걱정된다'로 풉니다. 여기서 '나 여'(予)는 작중 화자인 여성이고, '자'(子)는 그대입니다. 새벽에 조정에 모인 대신들이 군주를 기다리다 그냥 돌아가게 되면? 분명 누군가를 탓하겠지요.

조회의 대신들은 무작정 군주를 기다릴 수 없습니다. 군주와의 조회 후에는 자신의 집안으로 돌아가 사조(私朝)에서 가신(家臣)들과 집안 대소사를 결정해야 하니까요. 『논어』를 보면 공자가 퇴근이 늦은 염유(冉有)와 나눈 대화가 있습니다.

염자가 조회에서 늦게 돌아왔다.
공자가 물었다. "어찌 늦었느냐?"
"나라에 일이 있었습니다."
공자가 대답했다. "그것은 대부 집안의 일이다. 만약 국정이었다면 비록 내가 현직이 아니나 참여해서 들었을 것이

다.” 「자로」 14

冉子退朝. 子曰 : “何晏也?”
염 자 퇴 조 자 왈   하 안 야

對曰 : “有政.”
대 왈   유 정

子曰 : “其事也. 如有政, 雖不吾以, 吾其與聞之.”
자 왈   기 사 야 여 유 정 수 불 오 이 오 기 여 문 지

   이때 염유는 노나라의 실권자였던 대부 계강자(季康子)
의 가재(家宰 : 가신의 우두머리)였습니다. 그래서 공자가 네가
참여한 회의는 '사조'(私朝)이고 네가 의논한 것은 대부 집안
의 '가사'(家事)였다고 하는 것입니다. 제후의 '조정'과 대부
의 '사조'를 엄격히 구분한 것이지요. 공자는 대부의 가신이
아니라 노 정공(定公, 재위 : 기원전 509~495)의 사공(司空), 대사
구(大司寇)였지요. 소속이 달랐던 겁니다. 이 대화를 나눈 시
기는 노 애공(哀公, 재위 : 기원전 494~468) 시대로 공자는 퇴직
한 대부였습니다. 하지만 국정의 중대사에는 참여할 수 있
었지요.

2. 선還

子之還兮
자 지 선 혜

민첩한
그대!

遭我乎猱之間兮
조 아 호 노 지 간 혜

나와 노산 근처에서
만났네.

竝驅從兩肩兮
병 구 종 양 견 혜

나란히 수레 몰며
두 마리 큰 짐승 쫓노라.

揖我謂我儇兮
읍 아 위 아 현 혜

읍하며 나에게
날쌔다 하네.

子之茂兮
자 지 무 혜

늠름한
그대!

遭我乎猱之道兮
조 아 호 노 지 도 혜

나와 노산 길에서
만났네.

竝驅從兩牡兮
병 구 종 양 모 혜

나란히 수레 몰며
두 수컷 짐승을 쫓노라.

揖我謂我好兮
읍 아 위 아 호 혜

읍하며 나에게
멋있다 하네.

子之昌兮 자 지 창 혜	건장한 그대!
遭我乎狃之陽兮 조 아 호 노 지 양 혜	나와 노산 남쪽에서 만났네.
竝驅從兩狼兮 병 구 종 양 랑 혜	나란히 수레 몰며 두 마리 이리를 쫓노라.
揖我謂我臧兮 읍 아 위 아 장 혜	읍하며 나에게 멋있다 하네.

작품 속 상황이 눈에 선합니다. 주인공이 사냥 중에 멋진 사람을 만나서 즐거운 한때를 가졌군요. 제목 '선'(還)은 일반적으로 '돌아올 환'으로 쓰지요. '환갑'(還甲), '환국'(還國) 같은 단어가 익숙하실 겁니다. '돌다', '민첩하다'란 뜻도 있는데, 이럴 때는 '선'으로 읽습니다. 여기서는 '민첩한 모습'[便捷之貌]으로 음도 '선'입니다. 역사드라마를 보면 사냥터에서 왕이나 왕자가 측근들과 함께 질풍처럼 말을 몰면서 내달릴 때가 있지요. 그러다가 갑자기 멈추고 심복이자 경호 대장에게 '흠, 자네, 빠르군!', 칭찬하지요. 오래되었지만 「역린」의 정조 현빈, 「옷소매 붉은 끝동」의 젊은 정조 이준호 배우가 생각나는군요. 앞으로 그런 장면이 나오면 '아!「제풍」의 〈선〉이구나', 하시면 됩니다.

전형적인 A-A'-A″ 구조인데요, 멋진 남자들끼리 서로 추켜세우는 상황을 보여 주는 이 작품을 주자는 어떻게 보았을까요?

사냥하는 사람이 길에서 교차하면서 몸놀림이 빠르고 날렵하다고 서로 칭찬하기를 이와 같이 하였다. 스스로 잘못된 행동이라는 것을 알지 못하니 당시의 풍속이 아름답지 못했다는 것을 알 수 있다. 이런 행동에는 또한 반드시 유래가 있을 것이다.

獵者交錯於道路, 且以便捷輕利, 相稱譽如此.
렵 자 교 착 어 도 로 차 이 편 첩 경 리 상 칭 예 여 차
而不自知其非也, 則其俗之不美. 可見.
이 부 자 지 기 비 야 즉 기 속 지 불 미 가 견
而其來亦必有所自矣.
이 기 래 역 필 유 소 자 의

으흠, 역시 엄격하시군요. 당시 지배층 남성의 필수 교양에는 사냥이 포함됩니다. 수레 몰고[御], 활 쏘면서[射] 기량을 겨루고 교유를 했으니까요. 하지만 주자는 길에서 만난 사냥꾼들이 서로 칭찬하는 것을 도리에 어긋난 행동이라 하는군요. 주자의 이런 입장은「모시서」의 해석을 일정 부분 수용한 것인데요.「모시서」에서는 이 작품을 제 애공(哀公)이 사냥에 빠져 국정을 소홀히 한 것을 풍자한 것으로 보거든

요. 국인들도 군주의 이런 모습을 본받아 마침내 풍속이 되었다는 것이지요[還, 刺荒也. 哀公好田獵, 從禽獸而無厭, 國人化之, 遂成風俗, 習於田獵, 謂之賢, 閑於馳逐, 謂之好焉]. 사실 위정자가 특정 취향이 있는 경우 많은 사람이 따라하기 마련이지요. 군주가 사냥 중독으로 국정을 소홀히 할 정도였다니 심각하군요.

이렇게 보면 주자가 작중 화자가 '자신의 행동이 잘못된 것임을 모른다'고 한 맥락이 잡히지요. 애공이라는 특정 군주를 풍자한 시라는 입장은 아니지만 당시 귀족들이 사냥에 빠진 것은 문제라고 본 것입니다.

이제 한 장씩 살펴봅시다.

① 子之還兮 遭我乎猫之間兮
　 竝驅從兩肩兮 揖我謂我儇兮

'자지선혜 조아호노지간혜'(子之還兮 遭我乎猫之間兮)에서 '자'(子), '아'(我)는 모두 귀족들로 사냥터에서 만난 사람들입니다. 멋진 그대를 우연히 사냥터에서 만났군요. '조'(遭)는 '만나다'이고, 낯선 글자 '노'(猫)는 제나라의 산 이름입니다. 사냥의 달인 두 사람이 우연히 노산 근처[間]에서 만났군요.

'조' 자를 쓴 것을 보면 약속을 하고 만난 건 아닙니다. 사냥 열풍의 때에 사냥을 나가면 누군가는 만나게 되겠지요.

'병구종양견혜 읍아위아현혜'(竝驅從兩肩兮 揖我謂我儇兮). 이 시의 키워드이기도 한 '병구'(竝驅)는 '나란히[竝] 수레를 몰다[驅]'입니다. 우연히 만났지만 나란히 수레를 모는 것은 서로의 솜씨를 인정하고 교감한 것이지요. 물론 경쟁심도 있겠지만…. '종'(從)은 '쫓아가다'[逐]입니다. 그렇다면 '양견'(兩肩)은 어떤 뜻일까요? '어깨 견'(肩) 자는 여기서는 '세 살 먹은 짐승'[獸三歲]을 말합니다. 완전히 자란 큰 짐승이지요. '양견'이니 지금 각자 큰 짐승을 한 마리씩 추격 중이군요. 『시경』을 읽다 보면 글자 용례를 많이 알게 되는데, 이 경우도 그렇습니다. 공자님은 "다식어조수초목지명"(多識於鳥獸草木之名)『논어』「양화」 9이라 하셨지만 저는 "글자 용례도 많이 알게 된답니다"라고 덧붙이고 싶군요.

자, 그렇다면 여러분! 사냥터에서는 짐승을 쫓다가 잡았을 수도 있고, 놓쳤을 수도 있습니다. 결과는 모르지요. 그런데 '읍아위아현혜'라고 합니다. '읍'이란 두 손을 모아서 인사를 하는 걸 말하지요. 시 전체를 통틀어 '읍아'(揖我)가 3번 나옵니다. '병구'와 '읍아'가 함께 언급됨으로써 속도감과 호방함을 동시에 느낄 수 있지요. '현'(儇)은 '빠르다'는 뜻인데요. '민첩하다'[還]고 한 것에 대한 답사이지요. '당신도 빠르군요'[儇]라는…. 사냥을 떠난 두 남자의 정서적 교감을 충분히 표현한 구절입니다.

② 子之茂兮 遭我乎猫之道兮
   竝驅從兩牡兮 揖我謂我好兮

'자지무혜 조아호노지도혜'(子之茂兮 遭我乎猫之道兮)의 '무'(茂)를 유심히 봐주세요. 요새는 '무'를 '무성하다'로만 해석해서 주로 나무가 무성하게 자라난 모습을 표현하지요. 하지만 '무' 자는 사람의 상태를 표현할 때도 씁니다. '무'는 '미'(美)로 신체가 건장하고 아름다운 것이지요. 사냥터에서 균형 잡힌 아름다운 몸매의 사람을 만났군요. 요즘 헬스장에 가면 남녀노소 할 것 없이 근육을 키우는데요. 동서양 할 것 없이 고대부터 균형 잡힌 신체가 지닌 아름다움, 신체미(身體美)는 찬탄의 대상이었지요. 전렵(畋獵)으로 다져진 아름다운 사람과 동행했군요.

'병구종양모혜 읍아위아호혜'(竝驅從兩牡兮 揖我謂我好兮)에서 '모'(牡)는 짐승 중에서 수컷을 말합니다. 암컷은 '빈'(牝)입니다. 합쳐서 '빈모'(牝牡)라고 하는데요. 포유류이

지요. 조류는 '자웅'(雌雄)이라 합니다. '양모'는 '두 마리의 수
컷 짐승'이란 뜻이 되겠네요. '읍아위아호혜', 1장의 '현'(儇)
이 '호'(好) 자로 바뀌었군요. '아름답다[茂]'에 대한 답사이지
요. 호방하게 상대방의 사냥 솜씨를 인정하는 겁니다.

③ 子之昌兮 遭我乎猺之陽兮
　　竝驅從兩狼兮 揖我謂我臧兮

'자지창혜 조아호노지양혜'(子之昌兮 遭我乎猺之陽兮)의
'창'(昌)은 '번성하다'의 뜻이지만 사람의 경우에는 훤칠한 모
습이지요. '자지창혜', 보는 순간 바로 기량이 대단한 호적수
라는 걸 간파했군요. 고수는 고수를 알아보는 법. '조아호노
지양혜', 이번엔 어디에서 만났나요? '볕 양'(陽)인데, '양'은
'따뜻하다'이지만 '산의 남쪽'을 칭할 때도 쓰입니다. '노지
양'(猺之陽)은 '노산의 남쪽'이 됩니다. 이에 반해, 강의 '양'(陽)
은 북쪽입니다. 산과 반대이지요.

　'병구종양랑혜 읍아위아장혜'(竝驅從兩狼兮 揖我謂我臧
兮)는 비슷한 구절의 반복입니다. '랑'(狼)은 '이리'입니다. '시
랑'(豺狼)이라 하면 승냥이와 이리를 말합니다. 무자비하고
욕심이 많은 사람을 '시랑'에 비유하지요. '양랑'은, 두 마리

의 이리인데, 사냥터에서는 사슴을 쫓기도 하고, 이리를 쫓기도 하겠지요. '읍아위아장혜'의 '장'(臧) 자를 볼까요? '착할 장'(臧)입니다. '추수동장'(秋收冬藏), '저장'(貯藏)할 때의 '장'(藏)은 '숨기다'라는 뜻이지요. 두 장[臧·藏] 자를 구별해 주세요. 물론 통용될 경우도 있답니다. 나란히 말을 달리다가 읍하며 '훌륭하다'고 하는군요. 상대의 실력을 100% 인정하면서 자신의 기량에 흡족해하는 것이지요. 나도 뒤지지 않는다는 자부심!

3. 저著

俟我於著乎而
사 아 어 저 호 이

나를 뜰에서
기다리니

充耳以素乎而
충 이 이 소 호 이

귓가에 내려온 끈은
흰색.

尚之以瓊華乎而
상 지 이 경 화 호 이

아름다운 옥돌이
달려 있다네.

俟我於庭乎而
사 아 어 정 호 이

나를 안마당에서
기다리니

充耳以靑乎而
충 이 이 청 호 이

귓가에 내려온 끈은
푸른색.

尚之以瓊瑩乎而
상 지 이 경 영 호 이

아름다운 옥돌이
달려 있다네.

俟我於堂乎而
사 아 어 당 호 이

나를 마루에서
기다리니

充耳以黃乎而
충 이 이 황 호 이

귓가에 내려온 끈은
황색.

尚之以瓊英乎而
상 지 이 경 영 호 이

아름다운 옥돌이
달려 있다네.

먼저 시 제목을 보겠습니다. '나타날 저'(著)는 '저명인사'(著名人士), '저술'(著述) 등의 단어로 우리에게 익숙하지요. 그런데 여기서는 '뜰 저'(宁)의 뜻으로 쓰였습니다. 〈저〉는 뜰에서 나를 기다리는 누군가를 보고 그의 관에 달린 장식[充耳]에 대해 말하는데요. 누가 누구를 만난 걸까요? 어떤 상황일까요?

주자는 각 장마다 여조겸(呂祖謙, 1137~1181)의 해석을 소개하고 있습니다. 우선 1장의 상황 설명을 읽어 보고 시작하겠습니다.

동래여씨[여조겸]가 말하였다.

「혼례」에 의하면 신랑이 신부의 집에 가서 친영할 때에 '전안'의 예를 마친 후에는 수레를 타고 먼저 돌아와 신부를 문밖에서 기다린다. 신부가 도착하면 읍하고 집 안에 들어오게 한다. 이때에 제나라 풍속이 친영의 예를 행하지 않았다. 그래서 신부가 신랑의 집 문에 이르러서야 처음으로 자기를 기다리는 신랑을 본 것이다.

東萊呂氏曰 : 婚禮壻往婦家親迎, 既奠鴈, 御輪而先歸,
동 래 려 씨 왈   혼 례 서 왕 부 가 친 영   기 전 안   어 륜 이 선 귀
俟于門外. 婦至則揖以入, 時齊俗不親迎. 故女至壻門,
사 우 문 외   부 지 즉 읍 이 입   시 제 속 불 친 영   고 녀 지 서 문
始見其俟己也.
시 견 기 사 기 야

여기서 「혼례」는 『의례』(儀禮) 「사혼례」(士昏禮)를 말합니다. 『예기』의 「혼의」(昏義)에도 거의 같은 내용이 있지요. 혼례를 저녁에 행했기 때문에 '저녁 혼'(昏) 자를 씁니다. 나중에 혼(昏)과 혼(婚)을 통용하게 된 것이지요. 혼례의 여섯 가지 절차인 육례(六禮) —— 납채(納采), 문명(問名), 납길(納吉), 납징(納徵), 청기(請期), 친영(親迎) —— 중에 신랑이 신부 집에 가서 신부를 맞이해 오는 '친영'이 가장 중요한데, 당시 제나라에서는 친영을 하지 않았다고 합니다. 그럼 시에서 '나'는 신부이고 뜰에 서 있는 사람은 처음 보는 신랑이 됩니다.

'전안'은 신부의 아버지가 당(堂) 위에서 서면(西面)하고 서면 신랑도 당 위로 올라가서 북면(北面)하고 기러기를 내려놓고 두 번 절하고 머리를 조아리는 절차를 말합니다. '제사 지낼 전'(奠)이지만 여기서는 '내려놓는 것'입니다. '안'(雁)은 '기러기 안'이지요. 지금 전통 혼례에서는 나무 기러기 인형으로 대신하지만요.

『의례』 「사혼례」에서 해당 부분을 읽어 보겠습니다.

주인[신부 아버지]은 빈[사위]에게 읍을 한 후 대문 안으로 들어가고, 빈은 기러기를 들고 뒤를 따라 들어간다.

묘문 앞에 이르면 주인은 빈과 서로 읍을 한 후에 사당문 안으로 들어간다.

사당문 안으로 들어간 후에 주인은 또다시 빈과 서로 세 차례 읍하고 계단 앞에 이르면 주인과 빈은 서로 먼저 오르도록 세 차례 양보한다.

주인은 당 위로 올라가 서쪽을 향해 선다.

빈은 당 위로 올라가 북쪽을 향해 서서 기러기를 내려놓고 머리를 바닥에 대면서 재배를 한 후에 당에서 내려와 사당문 밖으로 나간다.

신부는 신랑의 뒤를 따라 서쪽 계단을 통해 당에서 내려온다.

주인은 내려가 전송하지 않는다….

신랑은 수레를 타고 먼저 출발하여 자신의 집 대문 밖에 이르러서 부인의 수레가 도착하기를 기다린다.

主人揖入, 賓執鴈從. 至於廟門, 揖入. 三揖, 至於階,
주 인 읍 입　 빈 집 안 종　 지 어 묘 문　 읍 입　 삼 읍　 지 어 계
三讓.
삼 양
主人升, 西面. 賓升, 北面, 奠鴈, 再拜稽首, 降, 出.
주 인 승　 서 면　 빈 승　 북 면　 전 안　 재 배 계 수　 강　 출
婦從, 降自西階. 主人不降送….
부 종　 강 자 서 계　 주 인 불 강 송
壻乘其車先, 俟於門外.
서 승 기 거 선　 사 어 문 외

아휴, 절차가 복잡하죠. 신랑이 신부 집에 오면 신부 아

버지와 여러 차례 읍을 하고 기러기를 내려놓은 다음에는 두 번 절을 하는군요. 신부(딸)가 집을 떠날 때, 친정아버지가 전송하지 않는다니, 지금 보면 너무 섭섭한 일이지요. 하지만 신부는 부모, 형제, 일가와 문 안에서 인사하고 홀로 문 밖으로 나갑니다. 이제 인생 2막이 시작되니까요.

① 俟我於著乎而 充耳以素乎而 尚之以瓊華乎而

'사아어저호이'(俟我於著乎而)에서 '사'(俟)는 '기다릴 사'로 '사아'는 '나를 기다린다'는 뜻이겠지요? 누가 어디에서요? 신랑이 '저'(著), 뜰에서요. '저'는 '문과 병 사이'[門屏之間]인데요. 대문과 집 안의 작은 담 사이로 보시면 됩니다. '호이'는 해석하지 않습니다.

'충이이소호이'(充耳以素乎而). 지금 신부는 신랑을 처음 봅니다. 어떤 사람일까, 얼마나 궁금하고 긴장될까요? 정면으로 바라볼 수 있었던 걸까요? 중국 영화의 신부처럼 붉은 베일을 썼거나 부채를 들었을 수도 있겠네요. 고개를 숙인 신부의 눈에 흰 실로 된 '충이'가 보이는군요. 관(冠)의 양쪽에 실을 꼬아 만든 끈을 붙여 귀 부근까지 늘어뜨리는데, 이것을 '충이'라고 합니다. '충이'는 옳은 말만 택해서 들으라는 뜻이 있답니다. 그 끝부분에 귀막이 옥[瑱]을 매는데, 지금 신부의 눈길이 '충이'에 가닿아 있군요. 아무래도 약간 고개를 숙이고 있는 것이지요.

몇 년 전 겨울에 귀 옆으로 끈이 길게 늘어진 모자가 유행했었는데 기억하시나요? 아이들이 많이 쓰고 다녔어요. 가짜 머리카락도 모자에 달려 있더군요. 그걸 보면서 저는 '아, 충이가 패션이 되었구나!' 생각했답니다. '소'(素)는 흰 비단실입니다. 흰 비단실로 짠 옷감을 '생명주'(生明紬)라 하는데요. 어릴 적 어른들이 "생명주로 옷을 해 입고 누구를 만나러 가는지"라거나, "명주실 가져와라" 하시면 무슨 소린지 몰랐습니다. 그냥 '누가 엄청 멋을 냈구나', '아! 흰 실을 가져다드리면 되겠구나'라고 얼추 감을 잡았지요.

'상지이경화호이'(尙之以瓊華乎而)의 '상'(尙)은 '더할 가'(加)의 의미로 쓰였습니다. '경'(瓊)은 옥이고 '화'(華)는 '빛나다'로 '경화'는 '아름다운 옥'입니다. 흰 끈에 아름다운 옥이 달려 있군. 주자는 '옥과 비슷한 미석'[美石似玉者]이라고 했는데요. 옥으로 보셔도 될 것 같습니다. 사실 100여 년 전만 해도 신랑 될 사람 얼굴도 못 보고 시집가는 경우가 많았지요. 시집와서도 한참 동안 신랑 얼굴을 똑바로 보지 못했다, 마당에 젊은 남자가 여러 명 서 있는데 누가 내 신랑인

지 모르겠더라, 하셨던 할머니 말씀이 생각나는군요.

② 俟我於庭乎而 充耳以靑乎而 尙之以瓊瑩乎而

1장과 비슷하지요? 이 작품 역시 A-A′-A″이지요. '사아어정
호이'(俟我於庭乎而), 이번에는 나를 어디에서 기다리나요?
'뜰 정'(庭)인데 '대문 안, 침문 밖[在大門之內, 寢門之外]이라
하는군요. '침문'(寢門)은 안채의 부부의 공간이지요. 여조겸
에 의하면, 이것은 "「혼례」에서 신랑이 신부를 인도하여 침
문에 이르러서 읍하고 안으로 들라고 할 때"[此婚禮所謂壻道
婦及寢門, 揖入之時也]를 말한다고 합니다. 신랑이 신부를 뜰
에서 기다렸다가 신방으로 이끄는군요.

'충이이청호이'(充耳以靑乎而). 이번엔 귓가에 드리운 끈
이 푸른색[靑]이랍니다. 장마다 왜 끈의 색이 다를까요? 아
마도 신랑의 신분이 다를 것이다, 등등 다양한 해석이 있지
만 장마다 표현에 변화를 준 것으로 보면 됩니다.

'상지이경영호이'(尙之以瓊瑩乎而)의 '옥돌 영'(瑩) 또한 옥
의 한 종류입니다. '경영'도 미석(美石)이지요. '경화'가 '경영'
이 되었군요.

③ 俟我於堂乎而 充耳以黃乎而 尙之以瓊英乎而

'사아어당호이'(俟我於堂乎而)에서는 '저', '정'을 거쳐 신랑이 '당'(堂)에서 기다리는군요. 서 있다고 보셔도 좋겠지요. 여기서 '당'은 집의 마루 혹은 대청입니다. 여조겸은 "계단을 올라가 당에 이르니 이것은 「혼례」에서 서쪽 계단으로 올라간다고 한 때"[升階而後至堂, 此婚禮所謂升自西階之時也]라고 했습니다. 이쯤 되면 누가 누구에게 읍을 하고 누가 먼저 계단을 올라간다는 건지 혼란스럽습니다. 『의례』「사혼례」에서는 신랑이 신부에게 읍을 하고 신부를 안내하기 위해 신랑이 먼저 서쪽 계단으로 올라간다고 합니다.

'충이이황호이'(充耳以黃乎而). 이번에는 충이의 끈이 누런 황색이군요. 그다음 '상지이경영호이'(尙之以瓊英乎而)에서 귀막이 옥은 '경영'입니다. '꽃부리 영' 역시 옥의 이름이지요. '경화'(瓊華), '경영'(瓊瑩), '경영'(瓊英), 모두 '옥과 비슷한 아름다운 돌'입니다.

〈저〉 3장을 모두 읽었지만 '친영' 여부와는 별개로 신부가 신랑 집에 도착한 직후의 절차가 눈에 선명하게 들어오지 않습니다. 『의례』「사혼례」에서 이 부분만 읽어 보겠습니다.

ⓐ 신랑은 자신이 타고 온 수레를 타고 먼저 돌아와 문밖에서 신부를 기다린다.

ⓑ 신부가 신랑 집에 도착하면 신랑이 신부에게 읍하고 인도하여 대문 안으로 들어간다.

ⓒ 침문에 이르면 신랑은 신부에게 읍하고 침문 안으로 들어간 후에 함께 서쪽 계단을 통해 마루 위로 올라간다.

壻乘其車先, 俟於門外. 婦至, 主人揖婦以入. 乃寢門,
서 승 기 거 선   사 어 문 외   부 지   주 인 읍 부 이 입   내 침 문
揖入, 升自西階.
읍 입   승 자 서 계

신부 집에서는 '빈'(賓), 손님이었던 신랑이 여기서는 '주인'이 되었군요. 〈저〉의 3장을 혼인의 절차로 보셔도 좋겠지요. 저는 신랑, 신부가 움직일 때마다 연주했던 악곡으로 보고 싶군요. 물론 주자의 해석을 따르면 풍자의 의미가 있지요. 제의 풍속이 '친영'을 행하지 않아 신부가 신랑 집에 도착한 후에야 신랑을 보게 되었으니,「혼례」에 어긋난다는….

글쎄요, 고대에 얼마나 '육례'가 행해졌는지는 알 수 없지요. 하지만「제풍」의 시들로 인해 제나라는 물산이 풍부한 강대국이었지만, 노나라에 비해 예의가 부족했다는 선입견이 생겼습니다. 12세기 주자의 눈으로 본 것이지요. 결혼 풍습은 문화권마다 다르고 지역마다 차이가 있는데, 한 가지

원칙으로 재단하는 것은 무리이지요. 조선 중기까지만 해도 신랑이 신부 집에서 6, 7년간 사는 경우도 많았지요. 그렇습니다. 신사임당(1504~1551)처럼 딸만 있는 경우, 결혼 후에도 친정에서 아이를 키우면서 아들 역할을 하는 경우도 있지요. 이황의 손자 몽재(蒙齋) 이안도(李安道, 1541~1584) 선생도 처가에서 오래 살았습니다.

저는 〈저〉에서 '나'를 기다리는 사람은 남편이 아니라 애인일 수도 있다고 생각합니다. 너무 '친영' 등등에 얽매이지 않고 해석을 자유롭게 열어 두시길 바랍니다, 여러분! 자유롭게!

다산 선생님은 이 작품을 주자와 완전히 다르게 봅니다. 「제풍」에는 〈남산〉, 〈보전〉 등 제 양공과 양공의 여동생이자 노 환공의 부인인 문강(文姜)과 관련된 작품들이 있는데요. 〈저〉도 양공이 친정에 온 문강을 기다리는 것으로 봅니다. '충이'는 스캔들로 나라 전체가 시끄러운데도 정작 두 사람은 '귀를 막고 듣지 않는 것'을 비유한 것으로요. 이 해석도 좋습니다. 사랑에 빠진 남녀에게는 주위의 그 어떤 소리도 들리지 않으니까요.

4. 동방지일 東方之日

東方之日兮 彼姝者子 <small>동 방 지 일 혜　피 주 자 자</small>	동방의 해, 아름다운 그녀여!
在我室兮 <small>재 아 실 혜</small>	내 방에 있도다.
在我室兮 履我卽兮 <small>재 아 실 혜　리 아 즉 혜</small>	내 방에 있으니 나를 따라 왔도다
東方之月兮 彼姝者子 <small>동 방 지 월 혜　피 주 자 자</small>	동방의 달, 아름다운 그녀여!
在我闥兮 <small>재 아 달 혜</small>	내 문 안에 있도다.
在我闥兮 履我發兮 <small>재 아 달 혜　리 아 발 혜</small>	내 문에 있으니 나를 따라 떠나도다

　　　　2장 5구로 된 〈동방지일〉입니다. 작품은 짧은
데, 시적 상황을 이해하려면 상상력을 총동원해야 합니다.
무엇보다 주자가 별도의 해석을 붙이지 않은 것도 특이합니다. 민망해서일까요? 남녀가 이 정도로 가까이 있으면 '음분시'(淫奔詩)로 볼 만한데요^^.

「모시서」를 보면 군주의 정치가 쇠퇴한 것을 풍자한 것이라고 합니다. "군주와 신하가 도리를 잃어서 남녀가 음란한데도 예의로 교화하지 못했다"[東方之日, 刺衰也. 君臣失道, 男女淫奔, 不能以禮化也]. 오히려 「모시서」에서 '남녀음분'이란 구절이 보입니다. 「모시서」는 『시경』의 모든 작품을 정치 현실의 반영으로 보는데, 이 시도 예외는 아니군요.

그렇다면 주자도 남녀상열지사(男女相悅之詞)로 본 걸까요? 아무래도 그런 것 같은데, 분명히 밝히지는 않았습니다. 「위풍」, 「정풍」의 음분에 비하면 '순한 맛'이라고 생각한 걸까요?

① 東方之日兮 彼姝者子 在我室兮
　在我室兮 履我卽兮

'동방지일혜 피주자자'(東方之日兮 彼姝者子)에서 '동방지일'은 아침에 뜨는 해이지요. '피주자자', 아름다운 그녀가 보이는군요. 여기서 '자'(子)는 여성입니다. '주'(姝)는 '예쁘다, 아름답다'인데요. 이 구절을 보면서 들국화의 명곡 「매일 그대와」가 생각나신 분들 계시지요? "매일 그대와 아침햇살 받으며 매일 그대와 눈을 뜨고파", 정서가 비슷하군요.

아름다운 그녀는 지금 어디 있나요? '재아실혜'(在我室兮), 나의 방[我室]에 있군요. 갑자기 19금 분위기로 넘어가나요. '재아실혜 리아즉혜'(在我室兮 履我卽兮). 내 방에 있는 아름다운 그녀는 자발적으로 나를 찾아왔습니다. '리'(履)는 본래 '실천하다', '밟다'의 뜻이 있지요. '이력'(履歷)은 무엇인가요? 내 인생의 발자취, 여정이지요. 여기서는 '밟을 섭'(躡)의 뜻으로 나를 따라 방에 들어온 겁니다. '리아즉혜'의 '곧 즉'(卽)은 여기서는 '다가오다'[就]입니다. 작중 화자는 아름다운 여자가 나의 발길을 따라 찾아왔다고 말하네요[言此女躡我之跡而相就也].

② 東方之月兮 彼姝者子 在我闥兮
　　在我闥兮 履我發兮

'동방지월혜 피주자자'(東方之月兮 彼姝者子), '일'(日)이 '월'(月)이 되었지만 분위기는 1장과 같군요. '재아달혜'(在我闥兮)의 '문 달'(闥)은 여기서는 문 안쪽[門內]을 말합니다. 방 안에 있던 여인이 문 쪽으로 이동했군요. '리아발혜'(履我發兮)에서

'발'(發)은 '출발하다', '떠나다'[行去]입니다. 여인이 나의 발걸음을 따라 집을 떠나는 상황이지요[言躡我而行去也]. 달이 지고 아침 해가 뜰 무렵, 방에 같이 있다가 조심스럽게 문을 나서는 남녀, 여러분의 상상에 맡기겠습니다. 밀회와 작별의 한 컷!

5. 동방미명東方未明

東方未明 顚倒衣裳
동 방 미 명 전 도 의 상

동녘이 밝지도 않았는데
위아래 옷을 뒤바꾸어 입네

顚之倒之 自公召之
전 지 도 지 자 공 소 지

뒤바꾸어 입는 것은
군주가 부르기 때문.

東方未晞 顚倒裳衣
동 방 미 희 전 도 상 의

동녘에 해가 막 뜨는데,
위아래 옷을 뒤바꾸어 입네

倒之顚之 自公令之
도 지 전 지 자 공 령 지

뒤바꾸어 입는 것은
군주의 호령 때문.

折柳樊圃 狂夫瞿瞿
절 류 번 포 광 부 구 구

버드나무 꺾어 울타리 치면
광부도 두리번거리거늘

不能晨夜 不夙則莫
불 능 신 야 불 숙 즉 모

새벽과 밤을 구분 못하여
이르지 않으면 늦는구나.

이른 아침, 출근을 서두르는 모습이 눈에 선합니다. 허둥지둥 옷을 거꾸로 입을 정도라니, 어떤 상황일까요?

이 시는 시인이 군주가 일어나고 거처함에 일정한 절도가 없어서 신하들을 부르는 명령이 때에 맞지 않음을 풍자한 것이다.

此詩人刺其君興居無節, 號令不時.
차 시 인 자 기 군 흥 거 무 절   호 령 불 시

그렇지요. 상사가 시도 때도 없이 부르고 출근 이전, 퇴근 이후에 카톡을 해대면 엄청 피곤하지요. 시인은 군주의 변덕에 신하들이 견딜 수가 없는 상황을 노래합니다. 공감 100%!

① 東方未明 顚倒衣裳 顚之倒之 自公召之

'동방미명 전도의상'(東方未明 顚倒衣裳). 동쪽 하늘이 아직 밝지 않습니다[未明]. 아직 해도 뜨지 않았는데, 어두운 방에서 위아래 옷을 바꿔 입으며 서두르고 있군요. 딱합니다. '전도의상'의 '전'(顚)은 '넘어지다'이고 '도'(倒)는 '고꾸라지다'인데요. 무슨 일이든지 서두르다 보면 '전도'(顚倒)가 되지요. 위아래가 바뀌고 넘어지기도 합니다. '의'(衣)는 웃옷, '상'(裳)은 치마이니, 위아래 옷을 제대로 찾아 입지 못하는 다급한 상황이지요.

'전지도지 자공소지'(顚之倒之 自公召之). 방안에서 왜 전도하고 있는가, 이유가 있지요. '자공소지'라고 합니다. '자'(自)는 '~로부터'[從]이지요. '공'(公)은 '공소'(公所)로 군주가 있는 왕궁입니다. 왕궁에서 찾는다는 명이 왔군요. 아직 일어날 시간도 아니니 당황하고 서두를 수밖에요. 그래서 군주의 하루 스케줄에 일정한 원칙이 없다고 비난하는 겁니다. 여러분, 이 시는 연극의 한 장면처럼 보면 더 재미있습니다. 상상해 보세요. 신하가 새벽에 곤히 자고 있는데, 군주가 갑자기 사람을 보내서 "어서 궁으로 듭시랍니다"라고 하면 얼마나 정신이 없겠습니까? 옷을 뒤바꿔 입는 소동이 일어나지요. 지금도 마찬가지지만, 어떤 조직이 제대로 돌아가려면 규칙이 있어야 합니다. 그렇지 않으면 피곤해서 직장생활 하기 어려워요. 군주와 신하는 계약 관계일 뿐이건만 왜 멋대로 부릴 수 있다고 생각할까요.

다음 장을 볼까요?

② 東方未晞 顚倒裳衣 倒之顚之 自公令之

'동방미희 전도상의'(東方未晞 顚倒裳衣)에서 '밝을 희'(晞)이니 '미희'는 해가 처음 떠오른 때[明之始升]입니다. 해가 떴으니 차분히 출근 준비를 하면 되겠네요. 그런데 급박하게 닥친 출근 명령에 위아래 옷을 바꿔 입으며 서두르고 있습니다. 1장의 '의상'(衣裳)이 여기서는 '상의'(裳衣)로 바뀌었군요.

'도지전지 자공령지'(倒之顚之 自公令之)를 볼까요. 1장의 '전지도지'가 '도지전지'가 되었군요. '자공소지'는 '자공령지'가 되었고요. '명령 령'이니 서둘러 입궁하라는 군주의 호령(號令)이 내린 것이지요.

③ 折柳樊圃 狂夫瞿瞿 不能晨夜 不夙則莫

자, 3장은 표현법이 바뀝니다. 1, 2장은 상황을 그대로 읊었는데, 3장에서는 비유가 나오는군요. A-A'였다가 B가 된 것이지요. 참신합니다. 저는 이렇게 생각해 보았습니다. 세 사람이 노래를 부르는데 첫번째, 두번째 사람은 글자만 바꿔서 비슷하게 부르고, 창의력이 넘친 세번째 사람은 비유법을 쓴 것이라고. '절류번포'(折柳樊圃), '광부구구'(狂夫瞿瞿) 같이 평소에 알고 있던 비유를 사용한 것일 수도 있습니다. 돌아가면서 이어서 노래 부를 때, 이런 사람이 있으면 분위기가 확 살아나지요. 이러한 관점으로 보셔도 좋습니다. 어떻게 불렀는지 읽어 볼까요?

'절류번포 광부구구'(折柳樊圃 狂夫瞿瞿)의 '절류'(折柳)는 '버드나무 가지를 꺾는다'입니다. 버드나무는 부들부들해서 쉽게 꺾이지요. 광주리, 그릇을 만들기도 합니다. '울타리 번'(樊)은 동사로 '울타리를 치는 것'입니다. '포'(圃)는 채마밭이지요. 집 앞에 있는 텃밭을 '포'라고 해요. 예전에는 어느 집이나 채마밭이 있었습니다. 웬만한 푸성귀는 텃밭에서 그때그때 뜯어다 먹었지요. 가끔 "호박 딸 만큼 컸나 보고, 파, 부추 한 줌 뜯어 오라"는 어머니 말투가 생각납니다. 왜 매번 귀찮아했을까요? 동생은 두부 사오라는 말씀에 냅다 뛰어나갔는데…. '절류번포'란 '버드나무 가지를 꺾어서 채마밭에 울타리를 둘렀다'는 겁니다. 나의 채마밭에 들어가지 말라는 경고인데, 비록 제대로 만든 것은 아니지만 버드나무 가지로 대충 둘러놓아도 주인이 있다는 뜻은 분명하지요. 둘레길 입구에 작은 텃밭들을 보면 허름한 줄에 '주인이 있으니 함부로 뜯어 가지 마세요'라는 팻말이 붙어 있는데요. 같은 경우라고 보시면 됩니다.

이렇게 막아 놓아도, '광부구구'랍니다. 여기서 '광부'(狂夫)는 다소 어리바리한 사람입니다. '구구'의 '구'(瞿)는 놀라서 두리번거리는 모습[驚顧之貌]이지요. 이 사람은 왜 놀라서 두리번거릴까요? 가령, 이런 상황을 상상하시면 좋아요.

평소에는 채마밭에 울타리가 없어서 상추, 부추 조금씩 뜯어 갔는데, 이번에 보니 울타리가 쳐져 있어요. 그러니, '아, 이제는 뜯을 수 없는 건가?'라며 두리번거리는 거지요. 이처럼 채마밭에 대강 울타리를 쳐 놓아도 누구나 '판단'이란 걸 한다는 말이지요. 그런데 군주는 어떤가요?

'불능신야 불숙즉모'(不能晨夜 不夙則莫). '새벽 신'(晨), '밤 야'(夜)이니 군주가 새벽과 밤도 구별하지 못하는군요. '불숙즉모'에서 '숙'은 '이르다'[早]로 조회할 때가 아닌데 부르는 것이지요. '없을 막'(莫)은 주로 '~하지 말라'는 금지사로 쓰이지요. 하지만 여기서는 '모'로 읽고 '늦다'[暮·晩]라는 뜻입니다. 군주의 일상이 비정상적이니 신하들의 고생이 자심합니다. 이렇게 허둥대다가 조정에 나가면 제대로 일을 할 수 있을까요?

> 버드나무를 꺾어 채마밭에 울타리를 친 것은 비록 믿을 만한 것이 못 되나 광부도 이것을 보고 오히려 놀라서 돌아보고 감히 넘지 못한다.
> 이것으로 새벽과 밤의 구별은 너무도 분명하여 사람이면 누구나 알기 쉬운 것인데, 지금 군주가 알지 못하여 너무 일찍 부르는 잘못을 저지르지 않으면 너무 늦게 부르는 잘

못을 저지른다는 것을 비유한 것이다.

折柳樊圃, 雖不足恃, 然狂夫見之, 猶驚顧而不敢越.
절류번포　수부족시　연광부견지　유경고이불감월

以此晨夜之限甚明, 人所易知, 今乃不能知,
이차신야지한심명　인소이지　금내불능지

而不失之早, 則失之莫也.
이불실지조　즉실지모야

주자는 마지막 3장에만 자신의 의견을 밝혔습니다. 지나치게 일찍 부르는 날이 있으면 늦는 날도 있겠지요. 이르나 늦나, 모두 규정에 어긋나긴 마찬가지지만요. 위세 등등한 군주의 처신이 광부만도 못 하네요. 이런 군주의 조정이 제대로 운영될 리 없지요. 딱합니다.

6. 남산南山

南山崔崔 雄狐綏綏
남 산 최 최　웅 호 수 수

높고 높은 남산,
수여우가 어슬렁어슬렁.

魯道有蕩 齊子由歸
노 도 유 탕　제 자 유 귀

노나라로 가는 길 평탄하여
제나라 여인이 시집갔지.

旣曰歸止 曷又懷止
기 왈 귀 지　갈 우 회 지

이미 시집간 사람을
어찌 또 그리워하나?

葛屨五兩 冠緌雙止
갈 구 오 량　관 유 쌍 지

칡신은 다섯 켤레,
관 끈은 한 쌍.

魯道有蕩 齊子庸止
노 도 유 탕　제 자 용 지

노나라로 가는 길 평탄하여
제나라 여인이 시집갔지.

旣曰庸止 曷又從止
기 왈 용 지　갈 우 종 지

이미 시집간 사람을
어찌 또 만나는가?

蓺麻如之何 衡從其畝
예 마 여 지 하　횡 종 기 무

마를 심으려면 어떻게 할까?
가로세로 이랑을 만들지.

取妻如之何 必告父母
취 처 여 지 하　필 곡 부 모

아내를 얻으려면 어떻게 할까?
부모님께 말씀드려야지.

旣曰告之 曷又鞠止
기 왈 곡 지　갈 우 국 지

이미 아내가 된 사람을
어찌 제멋대로 하게 두는가?

析薪如之何 匪斧不克
석 신 여 지 하 비 부 불 극

取妻如之何 匪媒不得
취 처 여 지 하 비 매 부 득

既曰得止 曷又極止
기 왈 득 지 갈 우 극 지

땔나무를 쪼개려면 어떻게 할까?
도끼가 없으면 못 하지.

아내를 얻으려면 어떻게 할까?
중매가 없으면 안 되지.

이미 혼인했는데
어찌 제멋대로 하게 두는가?

「제풍」〈남산〉은 유명합니다. 『시경』에 '남산'이라는 단어가 나오는 작품은 모두 네 편으로 「조풍」의 〈후인〉(候人), 「소아」의 〈남산유대〉(南山有臺), 〈육아〉(蓼莪)가 있지요. 하지만 '남산'이란 제목은 이 작품이 유일합니다. 어느 지역이든 남쪽에 있는 산을 남산이라 하니 여기서는 제나라 도성 영구(營丘)의 남산이겠지요.

〈남산〉이 유명한 것은 춘추시대 유명한 성 스캔들을 배경으로 하기 때문입니다. 「패풍」, 「용풍」에는 위나라 선공과 선강, 선강과 소백(선공의 아들)의 스캔들과 그 여파를 노래한 작품들이 나옵니다. 이미 읽으신 분들은, '아니! 그보다 더한 것이 있을 수 있나', 하실 겁니다(『시경 강의』 2, 293쪽). 그런데 〈남산〉에는 더한 내용이 나옵니다.

이 한 편의 드라마에는 두 명의 남성과 한 명의 여인이 등장합니다. 두 남성은 제 양공(재위 : 기원전 697~686)과 노 환공(재위 : 기원전 711~694)인데요. 여주인공 문강(文姜)은 제 양공의 여동생이자 노 환공의 아내입니다. 고우영 화백은『만화 십팔사략』에서 이들의 관계에 대해 적나라하게 묘사했지요. 문강을 색기 가득한 요부(妖婦)로 그렸는데, 그랬을 수도 있지요. 하지만 당시 제와 노 양국의 정치 상황, 국제 질서의 변화를 보면 단순히 남녀 스캔들로만 볼 수 없습니다. 천자의 권위가 무력해지면서 패자의 시대가 열릴 때였지요. 제 양공은 주변 제후들을 결집하여 패권을 장악하려 했고, 결국 동생 제 환공이 패자가 되었습니다. 문강은 남편 환공, 아들 장공 시대에 제와의 외교에 고심하면서 두 남자의 적극적 조력자역할을 했습니다. 유능한 책사(策士)였지요. 스캔들에 가려졌지만.

주자가 작품 끝에 붙인 자료를 먼저 읽겠습니다.

『춘추』에서 "환공 18년에 공이 부인 강씨와 함께 제나라에 갔다가 제에서 죽었다"고 한다.

『좌전』에서 말하였다.

공이 장차 제나라 군주를 만나기 위해 떠날 때 부인 강씨와 함께 가려 하였다.

노나라 대부 신수가 말하였다.

"여자가 결혼하여 남편이 있고 남자가 결혼하여 아내가 있으면 서로 해야 할 역할을 넘나들면 안 됩니다. 이를 일러 예가 있다고 합니다. 이것을 거스르면 반드시 화가 생깁니다."

그러나 환공은 이 말을 듣지 않고 문강과 함께 떠나 낙 땅에서 제후를 만나고 세 사람이 같이 제나라에 갔다.

문강이 제후와 간통하니 환공이 꾸짖었다.

문강은 이 사실을 양공에게 알렸다.

여름 4월에 제 양공은 환공에게 연회를 베풀고, 공자 팽생에게 공을 수레에 태우게 하였다.

환공은 수레에서 죽었다.

春秋, 桓公十八年, 公與夫人姜氏如齊, 公薨于齊.
춘 추 환 공 십 팔 년 공 여 부 인 강 씨 여 제 공 훙 우 제
傳曰："公將有行, 遂與姜氏如齊, 申繻曰：'女有家,
전 왈 공 장 유 행 수 여 강 씨 여 제 신 수 왈 녀 유 가
男有室, 無相瀆也, 謂之有禮, 易此, 必敗.'
남 유 실 무 상 독 야 위 지 유 례 역 차 필 패
公會齊侯于濼, 遂及文姜如齊. 齊侯通焉, 公謫之,
공 회 제 후 우 락 수 급 문 강 여 제 제 후 통 언 공 적 지
以告.
이 고
夏四月, 享公, 使公子彭生乘公, 公薨于車."
하 사 월 향 공 사 공 자 팽 생 승 공 공 훙 우 거

기원전 696년에 있었던 양국의 대형 사건입니다. 엄연

한 한 나라의 군주가 아내와 처가를 방문하여 연회 후에 의문사를 당한 것이지요.『사기』권35「제태공세가」에 의하면 공자 팽생은 환공을 납살(拉殺)했다고 합니다. 양공이 환공을 취하게 만들고 역사(力士) 팽생에게 취한 환공을 안아서 수레에 태우게 하자, 팽생이 갈비뼈를 눌러 죽인 것이지요 [齊襄公與魯君飮, 醉之, 使力士彭生抱上魯君車, 因拉殺魯桓公, 桓公下車則死矣]. 이 일은 어떻게 수습되었을까요? 두 나라 사이에 전쟁이 일어나도 이상하지 않을 정도로 중대사였지만 노나라는 책임자 처벌을 요구하는 수준에서 멈추고 맙니다. 약소국의 설움이지요. 이에 제 양공은 공자 팽생을 죽여 노나라에 사과합니다. 네, 그렇습니다. 꼬리 자르기이지요.

그럼, 이쯤에서 제 양공과 문강의 관계가 궁금합니다. 짐작하실 수 있다고요.『사기』「제태공세가」에 관련 기록이 남아 있습니다.

양공 4년, 노 환공이 부인과 제나라에 왔다.

제 양공은 이전에 노부인과 사통한 적이 있었다.

노나라 군주의 부인은 양공의 여동생으로 제 희공 때에 시집가서 노 환공의 부인이 되었다. 이때 환공과 다시 제에 오자 양공과 다시 사통한 것이다.

四年, 魯桓公與夫人如齊. 齊襄公故嘗私通魯夫人.
사년 노환공여부인여제 제양공고상사통노부인

魯夫人者, 襄公女弟也, 自釐公時嫁爲魯桓公婦,
노부인자 양공녀제야 자희공시가위노환공부

及桓公來而襄公復通焉.
급환공래이양공부통언

언급하기 민망하군요. 제 양공과 문강은 모두 제 희공 (재위 : 기원전 731~698)의 아들, 딸로 이복형제 사이입니다. 환공 3년(기원전 709), 문강의 결혼으로 멈췄던 두 사람의 관계가 13년 만에 다시 이어진 것이군요. 그래서 〈남산〉의 네 장을 풀면서 주자는 1, 2장은 제 양공을, 3, 4장은 노 환공을 풍자한 것으로 봅니다. 노 환공이 대부 신수의 간언을 듣지 않고 문강과 동행하여 두 사람에게 빌미를 제공한 잘못을 지적한 것이지요.

① 南山崔崔 雄狐綏綏 魯道有蕩 齊子由歸
   旣曰歸止 曷又懷止

'남산최최 웅호수수'(南山崔崔 雄狐綏綏). 제나라 영구의 남산이 높군요. '높을 최'(崔)는 '최최'가 되어 '높고 큰 모양'[高大貌]이 됩니다. 그런데 이 남산에 '웅호', 수여우가 있군요. 왠지 느낌이 음침합니다. 사실 여우에 대한 이미지는 좋지 않지요. '사특하고 남을 유혹하는 짐승'[邪媚之獸]이란 주석이 붙어 있는데, 여기서 '웅호'는 제 양공을 비유한 것입니다. 군주라는 높은 지위에 있으면서 사특한 행동을 했으니까요 [以比襄公居高位而行邪行]. '수수'를 볼까요? '편안할 수'(綏) 자인데, '수수'는 '짝을 찾는 모양'[求匹之貌]이라고 하네요. 「위풍」(衛風)의 〈유호〉(有狐)에 '유호수수'(有狐綏綏)란 구절이 있는데, 거기서도 어슬렁거리며 배필을 구하는 모습으로 풀었습니다(『시경 강의』 2, 377~379쪽).

'노도유탕 제자유귀'(魯道有蕩 齊子由歸). 우선 여기에서 '제자'는 문강입니다. '노도'는 '노나라로 가는 길'이고요. '탕' 은 '방탕(放蕩)하다'는 뜻이 있지만 여기서는 '넓고 크다'[廣大]입니다. 왜 제나라에서 노나라로 가는 길이 넓고 평탄했다고 할까요? 당시 제나라가 대국이었고 국제 교역도 활발했으니 도로가 좋았겠지요. '제자유귀', 그 길을 통해 문강이 시집을 갔다고 하네요. '귀'(歸)는 '여인이 시집가는 것'[婦人謂嫁曰歸]이지요. 그런데 왜 1, 2장에서 '노도유탕'이 나오는지 궁금합니다. 더 깊은 뜻이 있지 않을까요? 이 구절은 노 환공과 문강의 결혼이 혼인 절차를 모두 거친 국혼(國婚)이었음을 의미합니다. 사실 노 환공은 야망이 큰 군주였습니다. 송(宋), 위(衛), 정(鄭) 등과의 국제 관계에서 주도적 역할을 하고 싶어 했습니다. 서형 은공(隱公, 재위 : 기원전 722~712)을 죽이고 제후가 되었지만 혜공(惠公)의 적장자(嫡長子)라는 자부심이 강했지요. 자신의 뜻을 이루기 위해서는 대국 제의 도움과 지지가 절실한 처지였고요.

가장 확실한 동맹은 결혼동맹이지요. 기원전 709년(노 환공 3년) 정월에 환공은 제 희공과 만나 국혼을 성사시킵니다. 가을에 문강이 결혼할 때 아버지 희공이 국경까지 배웅하지요. 환공은 국경까지 가서 장인 희공을 만나고 문강을 맞이합니다. 『좌전』에 의하면 이때 아버지 희공이 문강을 국경까지 배웅한 것은 예에서 벗어난 행동이라고 합니다[齊侯送姜氏, 非禮也]. 제후의 딸[公女]이 결혼할 때 제후가 직접 배웅하지 않는 것이 당시의 예법이었거든요. 희공이 딸 문강을 특별히 사랑해서였을까요? 물론 그럴 수도 있습니다. 그러나 문강의 결혼은 제나라 입장에서도 중대한 국혼이었습니다. 노 환공의 죽음으로 양국 사이에 잠시 파란이 일었지만, 문강은 제 환공과도 좋은 관계를 유지합니다.

'기왈귀지 갈우회지'(既曰歸止 曷又懷止)의 '왈'(曰) 자와 '지'(止) 자는 해석하지 않습니다. '품을 회'(懷)는 '그리워하는 것'[思]입니다. 문강은 이미[既] 시집을 갔는데[歸], 웅호(양공)는 왜 그녀를 그리워하느냐고 묻고 있네요.

사실 제 양공은 놀라울 정도로 제멋대로 산 사람입니다. 제 양공의 무도한 정치에 위기를 느낀 동생들은 국외로 망명합니다. 도망간 동생 중의 하나가 훗날 패자가 된 제 환공입니다. 제 양공의 죽음(기원전 686) 직후에 귀국하여 제후가 되고 관중을 등용, 개혁에 성공하지요.

② 葛屨五兩 冠綏雙止 魯道有蕩 齊子庸止

　　　既曰庸止 曷又從止

'갈구오량 관유쌍지'(葛屨五兩 冠綏雙止)에는 '갈구'와 '관유'가 나오네요. '갈'(葛)은 '칡'이고, '구'(屨)는 신발로 '갈구'는 '칡으로 만든 신발'이니, 쉽게 말해 짚신입니다. '오량'의 '짝 량'(兩)은 '두 짝', '켤레'인데요. 신발은 켤레로 팔지요. 허름한 짚신이 다섯 켤레라고 합니다. '이 당시 짚신 다섯 켤레를 한 세트로 묶어서 팔았다'는 주석도 있는데요. 사극을 보면 짚신을 딱 한 켤레만 팔지 않지요? 금방 해져서 자주 갈아 신어야 하니까요. 그러니 '갈구오량', 즉 짚신은 다섯 켤레가 한 세트라고 보면 됩니다.

'관유쌍지'의 '관'(冠)은 갓이고, '유'(綏)는 갓끈입니다. 여기서 '지'(止)는 해석하지 않습니다. '관유쌍지'란 관에 갓끈

이 두 개가 달려 있다는 말이에요. 여기에는 갓끈만 따로 두 개씩 팔았을 거란 주석이 있습니다. 운동화 끈을 팔 때에도 두 개씩 묶어 팔듯이 말이지요. 무슨 말을 하고 싶은 걸까요? 물건마다 짝이 있듯이 한번 인연을 맺은 부부는 '짚신 다섯 켤레'나 '갓끈 두 개'처럼 한 세트나 마찬가지라는 것이지요.

'노도유탕 제자용지'(魯道有蕩 齊子庸止)에서 '제자용지'를 볼까요? 여기서 '용'(庸)은 '쓸 용'(用)인데, 1장의 '말미암을 유'(由)와 같은 뜻입니다. 노나라로 가는 평탄한 길을 따라서 문강이 시집갔다는 것이지요.

'기왈용지 갈우종지'(既曰庸止 曷又從止). '이미 시집갔는데, 어찌 또 만나는가?'라 하네요. '갈우종지'에서 '종'을 '상종'(相從)이라 풀었는데, 문강이 남편을 따라 국제회담 장소에 동반하고 친정까지 간 것은 당시에는 유례가 없었던 파격적 행보였습니다. 그래서 오빠 양공을 만나려던 의도가 있었다고 보는 것이지요. 주자는 1, 2장을 제 양공을 풍자한 것으로 봅니다. 이미 시집간 여동생을 왜 또 만나려 하느냐, 의심하는 겁니다.

③ 藝麻如之何 衡從其畝 取妻如之何 必告父母

　　旣曰告之 曷又鞠止

주자는 3, 4장은 문강의 남편 노 환공을 풍자한 것으로 봅니다. 『모시정의』를 보면 정현(鄭玄)도 이렇게 나누어 보는데요. 다만 「모시서」에서는 〈남산〉 전체를 제의 대부가 양공을 비난, 풍자한 것으로 봅니다.

> 〈남산〉은 양공을 풍자한 것이다. 금수와 같은 행실로 제 누이와 간음하니 대부가 이런 악행을 보고 이 시를 짓고 떠나간 것이다.
>
> 南山, 刺襄公也. 鳥獸之行, 淫乎其妹, 大夫遇是惡,
> 남 산　자 양 공 야　조 수 지 행　음 호 기 매　대 부 우 시 악
> 作詩而去之.
> 작 시 이 거 지

　이 작품이 양공과 문강의 사건에 분개한 대부의 작품이고, 그 대부가 제나라를 떠났다는 근거는 없습니다. 양공의 형제들, 관중과 포숙아처럼 혼란을 예상하고 미리 망명한 경우는 있지요. 물론 이 사건이 당시 많은 사람들에게 충격을 준 것은 사실입니다.

　'예마여지하 횡종기무'(藝麻如之何 衡從其畝). '예술'(藝術)

이라 할 때의 '예'는 여기서는 '심는다'[樹]는 동사입니다. '예마'는 삼을 심는 것이지요. 삼을 심으려면 어떻게 해야 하나요? '횡종기무', 밭이랑을 횡으로 종으로 골라야겠지요. '저울대 형'(衡)은 여기서는 '횡'으로 읽고, '가로지르다 횡'(橫)의 뜻입니다. '종'(從)은 '세로 종'(縱)과 같습니다. '무'(畝)는 밭이랑이지요. 삼 농사를 지으려면 먼저 밭이랑을 '횡종', 즉 가로와 세로로 고르게 하여 심을 자리를 마련해야겠지요.

'취처여지하 필곡부모'(取妻如之何 必告父母). 삼을 심는 방법을 묻고 대답한 후에 '취처', 아내를 얻는 방법을 묻네요. '취할 취'(取)는 이 경우는 '장가들 취'(娶)의 뜻인데요, 당연히 '필곡부모' 해야지요. '고할 고'(告)는 여기서는 '곡'으로 읽고, '웃어른에게 아뢴다'는 뜻입니다. 불특정 다수에게 말할 때는 '고'이지만, 윗사람, 특히 부모님께 말씀드릴 경우에는 '곡'이라 읽습니다. 얼굴을 마주 보고 곡진히 말씀드린다는 의미가 있지요. 『예기』「곡례」를 보면 "자식은 외출할 때는 반드시 부모님께 가는 곳을 아뢰고, 돌아와서는 반드시 부모님께 얼굴을 보여드려야 한다"[夫爲人子者, 出必告, 反必面]는 구절이 있습니다. 조선시대 모든 서당에서 배웠던 『사자소학』(四字小學)에는 이 구절이 "出必告之, 反必面之"라고 되어 있지요. 대부분의 부모가 아들, 딸들이 언제 나가고

언제 들어오는지도 알지 못하는 시대를 살고 있으니, 이 구절이 새삼스럽군요.

'기왈곡지 갈우국지'(旣曰告之 曷又鞠止)에서 '기왈곡지'는 이미 부모님께 아뢰었다는 뜻으로 정식으로 혼인 절차를 밟았다는 것이지요. '어찌 갈', '궁할 국'인데요. 축국(蹴鞠)이라 할 때는 '공'이란 뜻이지만 여기서는 '~을 심하게 하다', '~을 끝까지 하다'[窮]입니다. 지금 노 환공이 정식으로 결혼했으면서 또 어찌하여 문강으로 하여금 그 욕망을 끝까지 멋대로 하게 하여 일이 이 지경에 이르게 했냐[今魯桓公, 旣告父母而娶矣, 又曷爲使之得窮其欲而至此哉]고 비난하는 것이지요. 대부 신수의 말을 무시하고 문강과 동행했으니까요. 하지만 환공이 문강의 요구를 거절할 수 있었을까요? 양공과의 회담에서 자신의 뜻을 성취하기 위해서 문강의 도움이 필요했던 것은 아닐까요. 아마 환공에게는 다른 선택이 없었을 겁니다.

마지막 장을 읽기 전에 '예'(藝) 자가 나왔으니 『논어』에 나오는 '예'의 용례를 보고 가겠습니다. 『논어』를 공부하신 분들, 복습해 주십시오.

ⓐ 계강자가 물었다.

"중유(자로)는 대부를 시킬 만합니까?"

공자께서 말씀하셨다.

"유는 과단성이 있으니 대부를 시키는 데 무슨 어려움이 있겠습니까?"

계강자가 말했다.

"사(자공)는 대부를 시킬 만합니까?"

"사는 사리에 통달했으니 대부를 시키는 데 무슨 어려움이 있겠습니까?"

"구(염유)는 대부를 시킬 만합니까?"

"구는 다재다능하니[藝] 대부를 시키는 데 무슨 어려움이 있겠습니까?" 「옹야」6

季康子問 : "仲由可使從政也與?"
계 강 자 문　중 유 가 사 종 정 야 여
子曰 : "由也果, 於從政乎何有?"
자 왈　유 야 과　어 종 정 호 하 유
曰 : "賜也, 可使從政也與?"
왈　사 야　가 사 종 정 야 여
曰 : "賜也達, 於從政乎何有?"
왈　사 야 달　어 종 정 호 하 유
曰 : "求也, 可使從政也與?"
왈　구 야　가 사 종 정 야 여
曰 : "求也藝, 於從政乎何有?"
왈　구 야 예　어 종 정 호 하 유

ⓑ 공자께서 말씀하셨다.

"도에 뜻을 두고, 덕을 굳게 지키며, 인에 의지하며, 예(藝)

에서 노닐어야 한다." 「술이」6

子曰 : "志於道, 據於德, 依於仁, 游於藝."
자 왈　　지 어 도　거 어 덕　의 어 인　유 어 예

ⓒ 제자 뢰가 말했다.

"선생님께서 말씀하셨다.

'내가 관직에 등용되지 못했기 때문에 기예[藝]를 익혔다.'"

「자한」 7

牢曰 : "子云, '吾不試, 故藝'".
뢰 왈　　자 운　　오 불 시　고 예

ⓓ 자로가 인격이 완성된 사람에 대해 물었다.

공자께서 말씀하셨다.

"만일 장무중의 지혜, 맹공작의 청렴, 변장자의 용기, 염구의 다재다능[藝]을 갖추고 예악으로써 다듬으면 인격이 완성된 사람이라고 할 수 있다."

다시 말씀하셨다.

"지금의 인격이 완성된 사람이 어찌 그럴 수 있겠는가? 이익을 보면 의를 생각하고 위험을 보면 목숨을 바치며, 오래된 약속을 실천하여 평소의 약속을 잊지 않는다면 또한 인격이 완성된 사람이라고 할 만하다." 「헌문」13

子路問成人.
자 로 문 성 인

子曰："若臧武仲之知, 公綽之不欲, 卞莊子之勇,
자 왈　　악 장 무 중 지 지　 공 작 지 불 욕　 변 장 자 지 용
冉求之藝, 文之以禮樂, 亦可以爲成人矣."
염 구 지 예　 문 지 이 례 악　 역 가 이 위 성 인 의
曰："今之成人者何必然? 見利思義, 見危授命,
왈　　금 지 성 인 자 하 필 연　 견 리 사 의　 견 위 수 명
久要不忘平生之言, 亦可以爲成人矣."
구 요 불 망 평 생 지 언　 역 가 이 위 성 인 의

ⓐ에서 공자가 제자 염구를 평할 때 쓰는 '예'는 재예, 재
능이 많다[多才能]는 뜻입니다. 사실 염구는 행정 실무에 두
루 능했지요. 그런데 ⓑ에서 '유어예'(游於藝)라고 할 때의
'예'는 예악의 문헌[禮樂之文]과 사어서수의 법[射御書數之法]
입니다. '육예'(六藝)라고 하는 예의, 음악, 활쏘기, 말 몰기,
글쓰기, 계산하기를 충분히 익히라는 것이지요. 막힘없이
척척 이해하고 해나가는 것이 '놀 유'(游)의 뜻이랍니다.

ⓒ은 기예(技藝)인데 지금의 기술(技術)이지요. 공자는
등용되지 못했기 때문에 먹고살기 위해 다양한 기술을 익힐
수밖에 없었다고 합니다. ⓓ에서 등장하는 장무중, 맹공작,
변장자는 모두 노나라의 대부입니다. 다시 염구의 '예'(藝)를
말씀하시네요. '지'(知), '불욕'(不欲), '용'(勇)과 더불어 '예'도
재주와 덕을 겸비한 '성인'의 주요 자질입니다. 물론 다시 예
악으로 다듬어야지요.

지금은 '예'를 주로 예술의 뜻으로 쓰지만 『논어』에서는

재능, 기예, 필수 교양인 육예의 의미로 쓰였답니다. 지금의
'예술'(藝術)은 'art'의 번역어이지요.

④ 析薪如之何 匪斧不克 取妻如之何 匪媒不得
　　旣曰得止 曷又極止

이제 마지막 장을 볼까요? '석신여지하 비부불극'(析薪如之
何 匪斧不克)은 3장과 같은 문형입니다. '석신'(析薪)의 '신'은
땔나무이고, '석'은 '가른다'입니다. 땔나무를 패려면 어찌해
야 할까요? '비부불극', 도끼가 없으면 할 수가 없지요. '극'
은 본래 '이기다'이지만 여기서는 '능'(能)으로 '할 수 있다'입
니다.

　'취처여지하 비매부득'(取妻如之何 匪媒不得). '취처여지
하'는 '아내를 얻으려면 어찌해야 하는가?'라는 뜻이죠. '비
매부득', 중매가 없으면 혼담을 넣을 수 없지요. 혼인의 육
례는 매파가 두 집안을 오가며 혼담을 넣는 것에서 시작하
니까요. 지금이야 중매결혼이 드물지요. 하지만 1980년대
만 해도 고모, 이모, 슈퍼 아주머니가 중매를 서 주셨답니다.
「빈풍」〈벌가〉(伐柯)에도 비슷한 구절이 있지요.

도끼자루를 베려면 어찌해야 하는가

도끼가 아니면 할 수 없지

아내를 얻으려면 어찌해야 하는가

중매가 없으면 얻지 못하지

伐柯如何 匪斧不克
벌 가 여 하 비 부 불 극
取妻如何 匪媒不得
취 처 여 하 비 매 부 득

'기왈득지 갈우극지'(旣曰得止 曷又極止). '국'(鞠)이 '극'(極)
으로 바뀌었지만 모두 '궁'(窮)의 뜻으로 왜 문강이 제멋대로
하게 방치했느냐는 뜻입니다. 3, 4장은 문강의 방종에 남편
노 환공의 책임이 있다는 것이지요.

그럼, 남편의 죽음 이후에 문강은 어떻게 되었을까요?
우선 열두 살이었던 아들 장공(莊公, 재위 : 기원전 693~662)이
노나라 군주가 될 수 있었을까요? 됩니다. 엄연한 적장자였
으니 후계자의 자격은 있지요. 하지만 『춘추좌전』의 기록이
묘합니다.

[경] 원년 무자년 봄 주나라 달력 정월.

[전] 원년 봄에 즉위를 기록하지 않은 것은 문강이 국외에
나가 있었기 때문이다.

[經] 元年戊子春王正月.
경　　원 년 무 자 춘 왕 정 월
[傳] 元年春 不稱卽位, 文姜出故也.
전　　원 년 춘　불 칭 즉 위　문 강 출 고 야

　　장공 원년의 경문에 즉위 사실이 빠진 겁니다. 이것은
즉위에 뭔가 문제가 있다는 뜻인데, 그때 어머니 문강이 노
나라에 없었군요. 환공의 죽음에 문강의 책임이 있다는 것
을 이런 식으로 기록으로 남긴 것이지요. 국력이 달려 제나
라와 전쟁을 하지는 못하고…. 『사기』 권33 「노주공세가」에
는 이때 "장공의 어머니는 제나라에 있었고 감히 노나라로
귀국하지 못했다"[莊公母夫人因留齊, 不敢歸魯]라고 되어 있
습니다. 남편의 장례에도 참석하지 못한 것이지요.

　　아들이 제후가 되었지만 정작 문강은 장공이 즉위한 해
(기원전 693) 3월에 제나라로 망명합니다.

　　[경] 3월에 부인이 제나라로 도망갔다.

　　[전] 3월에 부인이 제나라로 도망갔다.

　　경에 '강씨'라고 칭하지 않고 '부인'이라 한 것은 모자간의

　　관계를 단절하고 어머니로 여기지 않았기 때문이니, 예에

　　맞는 처사였다.

　　[經] 三月, 夫人孫于齊.
　　　경　　삼 월　부 인 손 우 제

[傳] 三月, 夫人孫于齊. 不稱姜氏, 絶不爲親, 禮也.
전　삼월　부인손우제　불칭강씨　절불위친　례야

　　노나라 사람들의 분노, 원한이 얼마나 깊었는지 알 수 있지요. 환공의 아들 장공은 받아들였지만 문강은 용납할 수 없었던 것입니다. '손'(孫) 자는 '겸손할 손'(遜)으로 자국의 제후나 제후의 부인이 망명할 때 쓰는 글자입니다. 타국의 군주가 외국으로 망명할 때는 '분'(奔) 자를 씁니다. 군주의 어머니이니 '도망갈 분' 자를 쓸 수 없어서 '손'(孫)이라 했지만 '도망가다'의 뜻이지요. 이렇게 문강은 친정으로 갑니다. 장공이 어머니와의 인연을 끊었다고 했지만, 계속 그럴 수 있었을까요? 그럴 리가요. 열두 살 아들은 유능한 어머니의 도움이 절실했지요. 다음 해, 장공 2년부터 문강은 양공과 공개적으로 만나는 등 맹활약을 합니다. 거침없지요. 이어지는 작품들을 기대해 주십시오. 그 무엇을 상상하든 예상을 뛰어넘는답니다.

7. 보전甫田

無田甫田 維莠驕驕
무 전 보 전 유 유 교 교

넓은 밭을 갈지 말라.
잡초만 우거질 테니.

無思遠人 勞心忉忉
무 사 원 인 노 심 도 도

멀리 있는 사람을 그리워 말라.
마음만 아프니까.

無田甫田 維莠桀桀
무 전 보 전 유 유 걸 걸

넓은 밭을 갈지 말라.
잡초만 무성할 테니.

無思遠人 勞心怛怛
무 사 원 인 노 심 달 달

멀리 있는 사람을 그리워 말라.
마음만 고달프니까.

婉兮孌兮 總角丱兮
완 혜 련 혜 총 각 관 혜

예쁘고 앳되던
총각 머리 소년

未幾見兮 突而弁兮
미 기 견 혜 돌 이 변 혜

얼마 안 되어 보니
높은 관을 쓰고 있네.

3장 4구로 된 〈보전〉을 볼까요? 「소아」에도 〈보전〉이란 작품이 있어서 「제풍」의 〈보전〉으로 구별합니다. 「소아」〈보전〉은 전형적인 풍년가입니다. '클 보'(甫)이니 '보전'은 넓은 밭이군요. 그런데 '보'(甫) 자를 보면 위대한 시인 '두보'(杜甫)가 생각납니다. 사람 이름에 쓰면 '크다', '아름답다'는 의미가 되지요. 1934년에 발표된 박태원의 『소설가 구보씨(仇甫氏)의 일일(一日)』이 생각나는 분들도 계시겠네요.

「모시서」에서는 〈남산〉에 이어 이 작품도 대부가 제 양공을 풍자한 것으로 봅니다. 하지만 주자는 양공을 거론하지 않고 당시 세속의 조급증을 지적합니다.

① 無田甫田 維莠驕驕 無思遠人 勞心忉忉

'무전보전 유유교교'(無田甫田 維莠驕驕)에서 '무'(無)는 '~하지 말라'[毋]는 금지사입니다. '무전'의 '전'(田)은 '밭을 갈고 가꾼다'[耕治之]는 동사로 쓰였습니다. '밭갈 전'(佃)과 같지요. '보전'은 큰 밭이니 '무전보전'은 넓은 밭을 경작하지 말라는 뜻입니다. 왜요? 가능한 넓은 농지를 경작해야 생산도 풍성하겠지요. 하지만 힘이 부족하다면 잡초만 무성하게 됩니다[田甫田而力不給, 則草盛矣]. '유유교교'의 '유'(維)는 해석하지 않습니다. '가라지 유'(莠) 자가 나왔군요. 잡초이지요. '가라지'를 국어사전에서 찾아보면 '볏과의 한해살이풀. 줄기와 잎은 조와 비슷하고 이삭은 강아지풀과 비슷하다. 밭에서 자란다'라고 되어 있습니다. 저의 경우 가라지가 눈앞에 있어도 제대로 구별하지 못할 것 같아요.『성경』에 곡식과 가라지의 비유가 나오지요(「마태복음」13 : 24~30). 중학교 성경 시간에 목사님이 '추수 때가 되면 가라지를 먼저 거두어들여 불태우고⋯.' 이런 말씀을 하시면 가라지는 어떻게 생긴 걸까? 내심 궁금했던 기억이 있습니다. 시청각 교재가 부실했던 시대였으니까요.

가라지 이야기가 길어졌네요. '교만할 교'(驕)는 오만하고 무례한 것인데요. 여기서 '교교'는 잡초가 넓게 퍼지고 무성한 것[張旺]입니다. 자신이 감당할 수 없는 크기의 땅을 경작하면 잡초를 감당할 수 없겠지요. 5평 정도 되는 주말농장도 잡초 때문에 포기한 경험이 있는지라 100% 공감합니다.

'무사원인 노심도도'(無思遠人 勞心忉忉). 마찬가지로 멀리 있는 사람[遠人]을 그리워하지 말라고 합니다. 그 사람이 오지 않으면 내 마음만 괴롭지요[思遠人而人不至, 則心勞矣]. 앞의 넓은 밭을 갈지 말라는 것은 이 마음을 비유한 것이죠. 이 괴로움이 어느 정도일까요? '노심도도'에서 '노심'은 '노심초사'(勞心焦思)하는 것이지요. 여기서는 '도도'라고 하네요. '근심할 도'(忉) 인데 '마음 심'(心) 옆에 '칼 도'(刀)가 있군요. '도도'는 마음이 고달파[憂勞] 칼로 에이는 듯 고통스러운 것이지요. 우리 모두 한때 이런 경험이 있습니다. 이루어질 수 없는 사랑에 그리움과 걱정, 근심으로 끙끙 앓으며 불면의 밤을 보내면 고통의 강도가 엄청나지요.

주자가 1장에 붙인 해설을 읽어 보겠습니다. 〈보전〉 전체를 보는 입장이 나옵니다.

이로써 당시 사람들이 작은 일을 싫어하고 큰 것에만 힘쓰며, 가까운 것을 소홀히 하고 먼 것을 도모하여 장차 헛되이 고생만 하고 성과가 없음을 경계한 것이다.

以戒時人厭小而務大, 忽近而圖遠, 將徒勞而無功也.
이 계 시 인 염 소 이 무 대   홀 근 이 도 원   장 도 로 이 무 공 야

세상 사람들이 힘에 부치는 큰 밭을 탐내고, 만날 수 없는 먼 곳의 사람을 그리워하는 것을 경계한 작품으로 보는군요. 가깝고 할 수 있는 일에 힘쓰라는 주자의 '근사'(近思) 정신이지요. 〈남산〉과 〈보전〉을 묶어서 제나라의 대부가 양공을 풍자한 것으로 보지 않았군요. 주자의 새로운 해석입니다.

② 無田甫田 維莠桀桀 無思遠人 勞心怛怛

'무전보전 유유걸걸'(無田甫田 維莠桀桀)에서는 '교교'가 '걸걸'로 바뀌었군요. '걸'(桀)은 '홰 걸'입니다. 홰는 닭이 올라앉게 걸쳐 놓은 막대기인데, 여기서 '걸걸'은 '무성한 모양'입니다. 그런데 '걸' 자는 하나라의 마지막 군주 이름으로 익숙하지요. '걸주'(桀紂)라고 하면 하의 걸왕과 은의 주왕으로 폭군의 대명사입니다. 성군의 대명사인 '요순'(堯舜)과 대비되어 쓰이지요. 걸주의 시대를 살고 있다, 이렇게 말하면 바로 최고 수준의 군주 비판이랍니다.

'무사원인 노심달달'(無思遠人 勞心怛怛). '도도'가 '달달'이 되었네요. '슬플 달'(怛)인데 '달달'은 '도도'와 같이 마음고생이 심한 것이지요. '달도'(怛忉)라 하면 마음의 고통지수가 10에 9는 됩니다. 더한 것을 물으신다면, '단장'(斷腸)이겠지요.

③ 婉兮孌兮 總角丱兮 未幾見兮 突而弁兮

3장도 비유이지만 1, 2장과는 다르군요. '완혜련혜 총각관혜'(婉兮孌兮 總角丱兮), '예쁠 완'(婉)과 '아름다울 연'(孌)으로 '어리고 예쁜 모습'[少好貌]입니다. 누가 이렇게 예쁜 것일까요? '총각'은 젊은 청년을 말할 때, 지금도 쓰는 단어이지요. 원래 '묶을 총'(總), '뿔 각'(角)으로 '총각'은 특정한 머리 스타일입니다. 소년의 머리를 양쪽으로 갈라 뿔 모양으로 동여매는 것[聚兩髦]이지요. 머리 양쪽에 왕만두 같은 것이 둥글게 뭉친 모양이 됩니다. '총각관혜'의 '쌍상투 관'(丱)은 바로 총각의 머리 스타일을 말하지요. 그런 머리를 한 어린아이[幼稚], 동자(童子)란 뜻도 있습니다.

'미기견혜 돌이변혜'(未幾見兮 突而弁兮)에서 '미기'(未幾)는 '얼마 안 되어서'[未多時]입니다. '얼마 안 되어 예뻤던 총각을 보니'라고 풀면 됩니다. '돌이변혜', '갑자기 돌'(突)은 여기서는 '어느 순간', '한순간'입니다. 총각 머리의 어린아이가 '고깔 변'(弁)을 썼군요. '변'은 성인이 쓰는 관(冠)으로 관례를 하고 어른이 되었다는 말입니다.

3장을 어떻게 읽어야 할까요? 1, 2장과 연결할 수 있을까요? 저라면 1, 2장은 같은 노래, 3장은 별도의 노래였는데, 곡조가 유사해서 결합되었다고 할 겁니다. 만화 주제가를 섞어서 부르기도 하니까요.

하지만 주자는 매끄럽게 통일된 해석을 중요하게 여기신 분이라 3장 다음에 이런 글을 붙이셨습니다.

총각이던 아이를 본 지 얼마 안 되었는데, 홀연히 관을 쓰고 나타났다고 말한 것은 등급을 뛰어넘어 억지로 구한 것이 아니고 그 순서를 따라서 형세가 반드시 이에 이른 것을 말한 것이다.

이는 또한 작은 것은 크기 마련이고 가까운 것은 가히 멀리까지 이를 수 있으니, 그 순서를 따라서 닦아 나가면 홀연히 그 지극한 수준에 이를 수 있지만 만약에 등급을 뛰어넘어 속달하고자 하면 오히려 도달하지 못하는 바가 있음을 밝힌 것이다.

言總角之童, 見之未久, 而忽然戴弁以出者,
언 총 각 지 동　견 지 미 구　이 홀 연 대 변 이 출 자
非其躐等而强求之也, 蓋循其序而勢有必至耳.
비 기 렵 등 이 강 구 지 야　개 순 기 서 이 세 유 필 지 이
此, 又以明小之可大, 邇之可遠, 能循其序而脩之,
차　우 이 명 소 지 가 대　이 지 가 원　능 순 기 서 이 수 지
則可以忽然而至其極, 若躐等而欲速, 則反有所不達矣.
즉 가 이 홀 연 이 지 기 극　약 렵 등 이 욕 속　즉 반 유 소 부 달 의

1장과 2장을 '엽등'(躐等)에 대한 경고로 보는군요. 엽등은 조급한 마음에 등급을 뛰어넘어 급하게 나아가는 것이지요. 지금 학원에서 하는 선행학습이 바로 엽등입니다. 초등학생이 토플을 공부하고 수능 수학을 풀고 있으니까요. 동양에서는 엽등을 최악의 학습법으로 봅니다. 고생만 하고 성과가 없을뿐더러 기초가 흔들려 근본 뿌리가 부실해지니

까요.

조급증을 경고한 후에 3장에서 소년이 오래지 않아 의 젓한 성년이 되는 것을 비유로 택했다고 봅니다. 무엇을 비 유한 것일까요? 작은 것, 가까운 곳부터 순서대로 해나가다 보면 자연스럽게 크고 먼 곳에 이를 수 있다는 것이지요. 역 시 '근사'(近思)와 '하학상달'(下學上達)을 말씀하시는군요. 두 말할 나위 없이 중요하지요.

「모시서」도 읽고 가겠습니다.

<보전>은 대부가 양공을 풍자한 것이다.

양공이 예와 의가 없으면서 큰 공을 바라고 덕을 닦지 않고 제후들의 지지를 구하여 뜻만 크고 마음이 고달팠다. 이것 은 그가 구하는 방법이 도리에 맞지 않았기 때문이다.

甫田, 大夫刺襄公也. 無禮義而求大功,
보 전   대 부 자 양 공 야   무 례 의 이 구 대 공
不修其德而求諸侯, 志大心勞, 所以求者, 非其道也.
불 수 기 덕 이 구 제 후   지 대 심 로   소 이 구 자   비 기 도 야

이렇게 보면 3장 해석이 달라집니다. 총각 머리 소년이 시간이 지나면 성인이 되듯이 양공도 자신을 수양하고 덕을 기르면[善身修德] 제후들의 지지를 받게 될 텐데, 지금은 그 렇지 못하다는 뜻이니까요. 수덕(修德)의 과정 없이 성과만

을 추구하는 군주에 대한 풍자를, 주자는 엽등과 조급증을 경계한 것으로 바꾼 것이지요.

지금 우리는? 1, 2장을 한없이 애달픈 그리움의 연애시로, 3장은 괄목상대(刮目相對)의 예시로 보셔도 됩니다. 오랜만에 만났더니 '너무 많이 변했다', '몰라보게 멋있어졌다', 이런 식으로요. 물론 1, 2장과 3장은 매끄럽게 연결되지 않습니다.

'그리움의 노래'로 보는 용례를 소개하겠습니다. 유향(劉向)의 『설원』(說苑) 「보은」(報恩)에는 진 문공이 벼슬을 마다하고 멀리 떠난 주지교(舟之僑)라는 인물을 찾을 수 없게 되자 그리워하며 평생 〈보전〉을 노래했다[終身誦甫田之詩]는 일화가 나옵니다. 멀리 떠나 이제는 만날 수 없는 사람에 대한 그리움의 크기가 간절하군요. 그 마음은 역시 '도도', '달달'!

8. 노령盧令

盧令令 其人美且仁
노 령 령 기 인 미 차 인

사냥개 방울 딸랑딸랑,
그 사람 멋있고 어질도다!

盧重環 其人美且鬈
노 중 환 기 인 미 차 권

사냥개 방울 작고 큰 고리,
그 사람 멋있고 수염이 많도다!

盧重鋂 其人美且偲
노 중 매 기 인 미 차 시

사냥개 방울 겹친 고리,
그 사람 멋있고 굳세도다!

　　　제목 〈노령〉에서 '화로 로'(盧)는 지명으로, 여
기서는 '노' 지역에서 자란 사냥개[田犬]를 말합니다. '진돗
개'처럼요. 이 지역 사냥개가 천하의 준견(駿犬)이라고 합니
다. 사냥개는 속도가 중요하지요. '명령 령'(令)은 목의 방울
입니다. 주자는 〈노령〉의 뜻이 〈선〉(還)과 같다[此詩大意與還
略同]고 했는데요. 그 외에 별다른 설명이 없습니다. 앞에서
살펴본 〈선〉은 사냥터에서 만난 두 사람이 서로의 기량을
견주고 인정하는 작품이지요.

① 盧令令 其人美且仁

'노령령'(盧令令)은 '사냥개 방울이 딸랑딸랑!'이라는 뜻입니다. '영령'은 '개의 턱 밑 방울소리'[犬頷下環聲]가 됩니다. 의성어이지요. 사냥터에서 개가 질주하니 방울소리가 울리는군요. '기인미차인'(其人美且仁), '그 사람'[其人]은 사냥개 주인이겠지요. 사냥개 못지않게 주인도 멋있군요[美]. 인자하다[仁]고도 합니다.

　이 작품을 읽을 때마다 저의 반려견 살구에게도 방울을 달아 줄까, 망설이게 됩니다. 방울소리를 울리며 이리저리 뛰어다니면 얼마나 귀여울까! 하지만 3킬로그램 남짓한 푸들이 사냥개도 아니고 나도 멋진 사람이 아닌데, 하면서 바로 접습니다^^.

② 盧重環 其人美且鬈

'노중환'(盧重環)에서 '환'(環)은 '고리 환'으로 '중환'(重環)은 큰 고리와 작은 고리[子母環]입니다. 사냥개가 겹고리를 하고 방울을 달았군요. 멋지겠네요. '기인미차권', '아름다울권'(鬈)은 머리카락이 풍성한 모습입니다. 주자는 '수염과 구

레나룻이 아름답다'[鬒鬒好貌]고 합니다.

③ 盧重鋂 其人美且偲

'노중매'(盧重鋂)에서 '사슬고리 매'(鋂)는 고리 하나에 다른
고리 두 개를 끼운 것[一環貫二]입니다. '중환'은 큰 고리에 작
은 고리 하나를 끼운 것이고, '중매'는 두 개의 고리를 끼운
것이니 표현이 섬세합니다. 군주, 귀족의 사냥개는 장식도
화려하군요. 사냥개 방울이 이 정도면 다른 치장은 얼마나
화려했을까, 가늠이 되네요. 두바이에서 살다 온 제 친구 말
로는 그곳 부자들이 반려견 목줄을 다이아몬드로 장식한다
고 해서, 모두 혀를 찼지요. 〈노령〉의 사냥개 몸치장도 그에
못지 않습니다. 물론 주인의 치장도 대단하겠지요. '기인미
차시'(其人美且偲)의 '굳셀 시'(偲)는 여기서는 '수염이 많은 모
양'[多鬚之貌]입니다. 재능이 많다[多才]는 주석도 있는데요.
주자는 『춘추좌전』 노 선공 2년(기원전 607년)에 실린 노래까
지 인용하면서 '수염이 많은 모양'이라는 주장을 하네요. 재
미있는 이야기라서 간략하게 소개하겠습니다.

　송나라 대부 화원(華元)이 정나라의 포로가 되었다가 돌
아와서 축성을 주관하게 되었는데, 성 쌓는 백성들이 이런

노래를 불렀답니다.

눈알은 툭 튀어나왔고 배는 불룩한데 갑옷을 버리고 돌아
왔네. 수염이 무성한 저 인간 갑옷을 버리고 돌아왔네.

城者謳曰 : "睅其目, 皤其腹, 棄甲而復. 于思于思,
성 자 구 왈   환 기 목   파 기 복   기 갑 이 복   우 사 우 사
棄甲復來."
기 갑 복 래

여기서 '우사'(于思)와 '시'(偲)가 통용되었고, 모두 '수염
이 많은 모양'이라고 본 것이지요. 하지만 우리에게는 『논
어』의 '절절시시'(切切偲偲)의 용례가 익숙합니다. 읽고 가겠
습니다.

자로가 물었다.

"어떻게 해야 선비라고 할 수 있습니까?"

공자가 대답했다.

"간절하게 하고 자세히 살펴 노력하고 온화하게 하면 선비
라고 할 수 있다. 친구에게는 절절시시하고 형제에게는 온
화하게 해야 한다."「자로」28

子路問曰 : "何如斯可謂之士矣?"
자 로 문 왈   하 여 사 가 위 지 사 의
子曰 : "切切, 偲偲, 怡怡如也, 可謂士矣. 朋友切切,
자 왈   절 절   시 시   이 이 여 야   가 위 사 의   붕 우 절 절

偲偲, 兄弟怡怡."
시 시　형 제 이 이

언제 읽어도 좋은 글입니다. 여기서 '시시'(偲偲)는 친구에게 책선(責善)하는 것입니다. 서로의 잘잘못을 세심히 살피고 말해 줄 수 있어야 진정한 친구이지요. 〈노령〉의 용례와 같이 알아 두면 좋겠네요.

주자는 이 정도만 말했지만 『모시정의』에서는 〈노령〉역시 제 양공을 풍자한 작품으로 봅니다. 옛날의 군주는 백성들과 즐거움을 같이했기[與民同樂] 때문에 백성들이 사냥개 방울소리 울리며 사냥 나가는 군주를 보고도 찬미했지요. 그런데 지금은 반대로 백성들이 괴로워합니다. 사냥에 중독된 양공이 민생을 돌보지 않으니 백성들은 고통스러울 수밖에요[襄公好田獵畢弋, 而不修民事, 百姓苦之]. 〈노령〉은 소품이지만 해석의 여지는 많습니다. 지금 우리는 너무도 멋진 남성과 사랑에 빠진 여인의 노래로 보아도 되지요. 반려견이 있고 신형 스포츠카를 모는?

9. 폐구敝笱

敝 笱 在 梁 其 魚 魴 鰥
폐 구 재 량 기 어 방 환

어량의 낡은 통발,
물고기는 방어와 환어

齊 子 歸 止 其 從 如 雲
제 자 귀 지 기 종 여 운

제나라 여인 친정 길,
따르는 이들이 구름 같구나

敝 笱 在 梁 其 魚 魴 鱮
폐 구 재 량 기 어 방 서

어량의 낡은 통발,
물고기는 방어와 연어

齊 子 歸 止 其 從 如 雨
제 자 귀 지 기 종 여 우

제나라 여인 친정 길,
따르는 이들이 비 같구나

敝 笱 在 梁 其 魚 唯 唯
폐 구 재 량 기 어 유 유

어량의 낡은 통발,
물고기 들락날락

齊 子 歸 止 其 從 如 水
제 자 귀 지 기 종 여 수

제나라 여인 친정 길,
따르는 이들이 물 같구나

'폐구'(敝笱)는 낡아 해진 통발이지요. '해질 폐'(敝), '통발 구'(笱)인데요, 물고기를 잡기 위해 흐르는 물에 담가 놓는 그물망을 통발이라고 합니다. 지금 검색해 보시면 다양한 형태의 통발을 보실 수 있습니다. '폐구'라고 했으니 구멍이 숭숭 뚫린 낡은 통발이군요. 이것으로는 물고기를 잡을 수 없지요. 작은 물고기는 물론이고 큰 물고기들도 제멋대로 들락날락거릴 테니까요.

〈폐구〉는 문제의 여인 문강과 관련된 작품이지만『모시정의』에서는 남편 노 환공과의 관계로, 주자는 아들 노 장공과의 관계로 풀었습니다. 우선 이것을 정리하고 가겠습니다.

> 〈폐구〉는 문강을 풍자한 시이다. 제나라 사람들이 노 환공이 힘이 없어 문강을 막지 못하고 그녀로 하여금 음란한 행실을 하는 데 이르게 하여 두 나라의 근심이 된 것을 미워한 것이다.「모시서」
>
> 敝笱, 刺文姜也. 齊人惡魯桓公微弱, 不能防閑文姜,
> 폐 구   자 문 강 야   제 인 오 노 환 공 미 약   불 능 방 한 문 강
> 使至淫亂, 爲二國患焉.
> 사 지 음 란   위 이 국 환 언

「모시서」에 의하면 문강의 방자한 행동은 노 환공이 미약했기 때문입니다. 국력의 열세는 어쩔 수 없다 하더라도 아내를 방치한 책임에서 벗어날 수 없다는 것이지요. 엄연히 국혼을 한 남편이었으니까요. 여기서 아내를 너무 사랑

했나, 이런 생각은 접어 주십시오. 당시 국혼에서는 오직 국가의 이익만이 중요하답니다.

하지만 주자의 입장은 다릅니다.

제나라 사람이 해진 통발로는 큰 물고기를 제어할 수 없다는 것으로 노 장공이 문강을 막지 못한 것을 비유한 것이다.

齊人以敝笱不能制大魚, 比魯莊公不能防閑文姜.
제 인 이 폐 구 불 능 제 대 어   비 노 장 공 불 능 방 한 문 강

결국 '해진 통발'을 무력한 남편 환공으로 보느냐, 유약한 아들 장공으로 보느냐의 차이군요. 제 양공과 문강의 관계를 남편, 아들 탓으로 돌릴 수 있을까요? 노 환공의 죽음에 제대로 책임조차 묻지 못한 노나라의 처지를 생각하면 딱할 뿐입니다. 예나 지금이나 약소국은 강대국의 무시와 모멸을 견딜 수밖에 없는 것인지, 답답하군요.

① 敝笱在梁 其魚魴鰥 齊子歸止 其從如雲

'폐구재량 기어방환'(敝笱在梁 其魚魴鰥). 낡은 통발이 어량(魚梁)에 잠겨 있군요. 어량은 물길을 막아 통발을 넣어 두는 곳

이지요. 「패풍」〈곡풍〉(谷風)에서 남편에게 쫓겨나는 조강지처가 새 아내에게 "나의 어량에 가지 말라, 나의 통발을 들어 올리지 말라"[毋逝我梁, 毋發我笱]고 하지요. 하지만 곧 자신의 처지를 깨닫고는 "나 하나도 돌보지 못하는데 떠난 뒤를 걱정해서 무엇하리"[我躬不閱, 遑恤我後], 장탄식을 합니다(『시경 강의』2, 101~102쪽). 딱한 처지이지만 저는 워낙 강인한 여성이라 집을 나가서도 잘 살 거라고 했습니다. 하지만 알 수 없지요. 배신의 상처를 딛고 일어선다는 것이 정말 어렵잖아요.

'기어방환'이라고 하네요. '방환'(魴鰥), 방어와 환어는 모두 큰 물고기[大魚]입니다. 해진 통발로는 가둘 수 없지요. '환'(鰥)은 '두 눈을 뜨고 자는 물고기'라고 하는데, '홀아비'라는 뜻도 있지요. 외롭고 의지할 데 없는 사람들을 환·과·고·독(鰥寡孤獨)이라고 하죠. 각각 홀아비, 과부, 고아, 자식 없는 노인을 가리키는 말입니다. 이런 사람들은 국가와 사회가 서둘러 돌봐야 하지요.

'제자귀지 기종여운'(齊子歸止 其從如雲)의 '제자'(齊子)는 문강을 가리킵니다. '귀지'(歸止)의 '귀'는 '친정 나들이를 하는 것'으로 '귀녕'(歸寧)이라고도 합니다. 친정 부모님께 문안 인사를 가는 것이지요. 문강의 경우에는 오빠를 만나는 것이지만요. 문강의 친정 나들이에 '기종여운', 따르는 사람들이 구름처럼 많았군요. 시선을 의식하지 않고 거침이 없는 것이지요. 저는 당시 문강의 위세로 봤을 때 따르는 사람들이 구름 같았다는 것이 과장이 아니라고 봅니다. 그만큼 성대한 행차였지요.

주자는 〈폐구〉 끝에 『춘추좌전』의 관련 기록을 나열합니다. 노 장공 2년(기원전 692), 4년(기원전 690), 5년(기원전 689), 7년(기원전 687)에 문강이 제 양공과 만났다고 되어 있으니까요. 장공이 즉위할 때는 제나라에 가 있었지만 곧 돌아온 것입니다. 어린 아들 장공을 대신해서 제 양공과 양국 현안을 의논한 것으로 봐도 되는데요. 사실 장공에게는 어머니 문강의 도움과 외삼촌 양공의 지지가 절실했답니다. 하지만 세상 사람들은 그렇게 보지 않았지요. 『좌전』에서는 두 사람의 만남을 '간음'[姦]이라고 못 박습니다. 남편 환공의 죽음에 책임이 있는 두 사람이 거리낌 없이 다시 만남을 시작했으니까요.

문강은 장공 4년(기원전 690), 축구(祝丘)라는 곳에서 제 양공을 위한 향연을 베풀기도 합니다. 다음 해에는 제나라 군영으로 찾아가고요. 제 양공이 노나라 변경까지 오기도 합니다. 이쯤 되면 노골적 애정 행각일까요? 혹시 문강의 입장에서는 아들의 정권 안정이 더 중요했던 것 아닐까요? 당시 주변의 정(鄭), 위(衛), 송(宋)은 모두 후계자로 인한 내란 상태였으니까요. 노나라도 환공의 동생들, 삼환(三桓) 세력으로 인해 장공의 자리가 불안했습니다. 그녀는 내란 상태였던 위(衛)를 위하여 국제 갈등을 조정하기도 합니다. 그리고 양공의 죽음(기원전 686) 후에는 노나라에 망명 중이던 제 공자 '규'(糾)를 제후로 세우려고 합니다. '소백'(小白 : 제 환공)과의 전투에서 대패하여 계획대로 되진 않았지만요. 후에 제 환공과 동맹관계를 복원합니다. 대단하지요.

문강은 기원전 673년(장공 21) 7월 5일에 죽습니다[秋, 七月, 戊戌, 夫人姜氏薨]. 그리고 다음 해 정월 23일에 정식으로 장례를 치렀습니다[癸丑, 葬我小君文姜]. 천자, 제후의 부인이라 해도 『춘추』 경문에 죽음과 장례식 기록이 남은 것은 특이한 사례입니다. 아들이 제후에 오를 때 공공의 적이 되어 제나라로 도망갔던 문강을 '부인강씨'(夫人姜氏)로 예우한 것이지요. 노나라의 국익을 위해 일한 것을 인정한 겁니다.

어머니 문강의 죽음 이후, 장공은 누구를 의지했을까요? 장례를 치른 해 겨울에 장공은 제나라에 가서 납폐(納幣)를 합니다. 저는 어머니 문강이 준비한 결혼이라고 봅니다. 기원전 670년(장공 24), 애강(哀姜)이 노나라에 시집오고 노의 종부(宗婦)들은 그녀에게 예우를 다합니다. 장공은 다시 제나라 여인과 국정 파트너가 된 것이지요.

문강의 역할에 대해 말하다 보니 너무 장황해졌네요. 하지만 그녀를 그냥 상간녀 정도로 보기에는 관련 자료가 심상치 않습니다. 그녀는 제 양공이 죽은 후에는 10년 이상 제 환공과 우호 관계를 유지하고 아들 장공의 국제적 위상을 다져 나가니까요. 이렇게 시와 역사 기록 사이에는 미묘한 긴장이 있답니다. '시'로는 호오의 감정이 표출되고 '역사'에는 공적 기록이 남지요.

② 敝笱在梁 其魚魴鱮 齊子歸止 其從如雨

'폐구재량 기어방서'(敝笱在梁 其魚魴鱮). 이번에는 방어[魴]와 서어[鱮]군요. 이 역시 큰 물고기들입니다. 폐구로는 잡을 수 없겠지요. 제수(齊水)의 방어가 별미라고 합니다. '서'(鱮)는 '연어 서'인데, 방어와 비슷하지만 두툼하고 머리가 크다고 하네요.

'제자귀지 기종여우'(齊子歸止 其從如雨)에서 '여우'(如雨)는 '여운'(如雲)과 마찬가지로 '많다'[多]는 뜻입니다. 이제 문강은 제후의 어머니로 '행인'(行人)이기도 합니다. '행인'은 군주의 명을 받고 외교를 담당하는 공식 직책이지요. 저는 문강이 특사(特使) 역할을 자임했고 훌륭하게 해냈다고 봅니다.

③ 敝笱在梁 其魚唯唯 齊子歸止 其從如水

'폐구재량 기어유유'(敝笱在梁 其魚唯唯). 이번엔 '기어유유'라고 하네요. '오직 유'(唯)는 여기서는 자유롭게 출입하는 모양[行出入之貌]입니다. 남편도 아들도 제어하지 못했던 문강의 분방한 행동을 비유한 것이지요.

'제자귀지 기종여수'(齊子歸止 其從如水), 이번에는 따르는 무리가 '여수', 물과 같다고 합니다. 역시 문강이 움직일 때마다 호종하는 사람들이 많았군요. 그럴 수밖에요. 당시 외교 사절의 행차는 규모가 어마어마했으니까요.

10. 재구載驅

載驅薄薄 簟茀朱鞹
재 구 박 박 점 불 주 곽

질주하는 수레 덜컹덜컹,
화려한 가리개, 붉은 수레.

魯道有蕩 齊子發夕
노 도 유 탕 제 자 발 석

노나라 길 평탄하니
제나라 여인 객사에서 출발하네.

四驪濟濟 垂轡濔濔
사 려 제 제 수 비 니 니

네 마리 검은 말 건장하고
드리운 고삐 치렁치렁.

魯道有蕩 齊子豈弟
노 도 유 탕 제 자 개 제

노나라 길 평탄하니
제나라 여인 즐겁고 편안하네.

汶水湯湯 行人彭彭
문 수 상 상 행 인 방 방

문수는 넘실넘실,
행인은 많기도 하구나.

魯道有蕩 齊子翱翔
노 도 유 탕 제 자 고 상

노나라 길 평탄하니
제나라 여인 자유롭게 오가네.

汶水滔滔 行人儦儦
문 수 도 도 행 인 표 표

문수는 도도하고,
행인은 많기도 하구나.

魯道有蕩 齊子遊敖
노 도 유 탕 제 자 유 오

노나라 길 평탄하니
제나라 여인 놀러 다니네.

〈재구〉는 4장 4구인데 1, 2장과 3, 4장을 묶어서 보면 좋습니다. 제목 '재구'는 '실을 재'(載), '말 몰 구'(驅)입니다. 「용풍」의 〈재치〉(載馳)와 같은 뜻으로 말을 급하게 몰고 가는 것이지요. 〈재치〉는 허목부인이 친정 위나라가 패망했다는 소식에 정신없이 달려가다 돌아오는 내용이었지요. 〈재구〉에서는 문강이 양공을 만나러 급하게 내달립니다. 제나라 사람들이 문강이 화려한 수레를 타고 와서 양공을 만나는 것을 풍자했다[齊人刺文姜乘此車而來襄公也]고 하는데요. 당시 '문강 혐오'가 대단했군요. 급히 양국 문제를 의논한 것일 수도 있는데…. 뭐, 우리도 차를 급하게 모는 이유는 많고도 많지요.

① 載驅薄薄 簟茀朱鞹 魯道有蕩 齊子發夕

'재구박박'(載驅薄薄)에서 '엷을 박'(薄)은 '야박'(野薄)이 되면 인정머리가 없는 것이지요. '박절'(迫切)과 같은 뜻입니다. 여기서는 의성어로 수레가 질주하는 소리[疾驅聲]입니다. 이렇게 수레 소리가 요란하면 모두 쳐다볼 수밖에 없겠지요.

'점불주곽'(簟茀朱鞹), 역시 화려하게 치장한 고급 수레를 탔군요. '대자리 점(簟) 자는 '방문석'(方文蓆)입니다. 방문석은 네모난 문양을 넣어 짠 대나무 방석이지요. '우거질 불'(茀)이 여기서는 수레 뒤의 창문[車後戶]입니다. 그러니까 '점불'은 수레 뒤의 창문을 아름다운 방문석으로 꾸민 것이지요. 여성이 타는 수레에는 이렇게 커튼 같은 가리개가 있었답니다. 시선을 옮겨 수레를 보니 역시 '주곽', 붉은 칠을 한 가죽으로 되어 있군요. 질주하는 레드 카! '붉을 주'(朱), '무두질한 가죽 곽'(鞹)입니다. '주'는 붉은 칠[朱漆]인데요. 무두질한 가죽에 붉은 칠을 한 수레는 제후가 타는 것입니다. 하지만 문강이 누굽니까? 거리낌 없이 탑니다.

'노도유탕'(魯道有蕩)은 〈남산〉 1, 2장에도 나왔지요. 문강이 그 길을 따라 노나라로 시집갔는데, 이제는 오빠 양공을 만나기 위해 그 길을 이용하네요. '제자발석'(齊子發夕)의 '제자' 역시 〈남산〉 1, 2장에 나왔습니다. 저는 〈남산〉 1, 2장 뒤에 〈재구〉 1, 2장을 붙여 읽어 보시기를 권합니다. 은근한 재미가 있습니다. 넓은 길과 질주하는 수레, 자유분방한 연인, 그대로 영화의 한 장면이지요. '저녁 석'(夕)을 주자는 '머물렀던 곳'[宿]으로 봅니다. 문강이 하룻밤 유숙하고 다시 출발하는 것이지요. 급하게. 이 정도로 공공연하게 움직였다면 남편 사후, 아들 장공 때의 노래라고 봐야겠지요.

② 四驪濟濟 垂轡濔濔 魯道有蕩 齊子豈弟

'사려제제'(四驪濟濟). 네 마리 검은 말이 끄는 수레를 탔군요.
'검은 말 려'(驪)인데 산지 이름이기도 합니다. 부족명이자
명마 산지의 지명인 '려'(驪)가 '검은 말'이라는 일반 명사가
된 경우이지요. <노령>의 '노'(盧)와 같지요. 지명이 '사냥개'
란 뜻이 되었으니까요. '제'(濟)는 '건널 제'입니다. 우리는 매
일 '경제'(經濟)를 말하는데, '경제'는 번역어입니다. '경세제
민'(經世濟民)의 '제민'이 원래 뜻에 가깝지요. 정치를 잘하여
도탄에 빠진 백성을 어려움에서 구한다는 뜻이니까요. 여기
서 '제제'는 '아름다운 모양'[美貌]입니다. 말도 수레도 최상
입니다.

'수비니니'(垂轡濔濔)의 '수비'(垂轡)는 '드리워진 고삐'입
니다. '드리울 수'(垂)는 위에서 아래로 내려온 것이고, '비'(轡)
는 고삐이지요. '치렁치렁할 니'(濔)가 겹친 '니니'는 '부드러
운 모습'[柔貌]인데, 여섯 개의 말고삐가 치렁치렁 늘어진 것
입니다. 수레를 모는 네 마리 말 중에서 바깥의 두 말을 '참
마'(驂馬)라 하고 가운데 두 말을 '복마'(服馬)라 합니다. 말고
삐는 말굴레에 매는 것으로 말이 네 마리면 모두 여덟 개가
됩니다. 그리고 참마와 복마의 말고삐를 묶어서 여섯 개로

만들지요. 그래야 참마와 복마가 일사불란하게 움직일 수 있으니까요. 여기서 '니니'는 화려한 수레를 모는 마부의 솜씨가 능란한 것을 말합니다.

'노도유탕 제자개제'(魯道有蕩 齊子豈弟). '제자개제'에서 '개제'를 볼까요? '어찌 기'(豈)는 주로 반어사로 쓰이지요. 여기서는 '즐거울 개'(愷)의 뜻으로 음도 '개'입니다. '아우 제'(弟)도 마찬가진데요, '공경할 제'(悌)의 뜻입니다. 그러니까 '개제'(豈弟)는 '개제'(愷悌)로 문강이 '즐겁고 편안한 상태'[樂易]라는 겁니다. 문강의 언행이 거리낌이나 부끄러움이 없었다[言無忌憚羞恥之意也]고 하니, 대단하지요. 지금 봐도 리스펙!

③ 汶水湯湯 行人彭彭 魯道有蕩 齊子翶翔

'문수상상'(汶水湯湯)의 '문수'는 강 이름입니다. 제나라 남쪽, 노나라 북쪽, 두 나라 경계[在齊南魯北, 二國之境]에 있지요. 문수를 건너면 제나라인데요. 문강이 빠르게 건너는군요. 문수는 『논어』에도 나오지요. 권력자 계씨가 공자의 제자 민자건을 비 땅의 읍재로 삼으려 하자 민자건이 강하게 말합니다. "나를 위해 거절의 말을 전해 주시오. 만약에 나를 다

시 부른다면 나는 반드시 문수 가에 가 있을 것이오"(季氏使
閔子騫爲費宰. 閔子騫曰 :"善爲我辭焉. 如有復我者, 則吾必在汶上
矣")「옹야」7. 노나라를 떠나 제로 가겠다는 것인데요. 공자의
제자 중에서 이렇게 벼슬을 마다한 사람도 있었답니다. 대
부분은 열심히 구직 활동을 했지만요.

'끓을 탕'(湯)은 제사에 올리는 국이란 용례도 있지요. '탕
국'(湯국)이라 할 때 이 글자를 쓴답니다. 근래에 급속하게 제
사 지내는 집이 줄어들고 있지요. '제수'(祭需), '산적'(散炙),
'탕국', 이런 단어도 사라질지 모르겠습니다. 여기서는 '상'
으로 읽습니다. '상상'은 '물이 성대하게 흐르는 모습'[水盛貌]
입니다.

'행인방방'(行人彭彭)에서 '방'(彭)은 사람의 성이나 지명
일 때는 '팽'으로 읽습니다. '곁 방'으로 읽는 경우도 있죠. '방
방'은 '많은 모양'[多貌]이니 문강이 문수를 건널 때 길가에
오가는 사람이 많았군요. 〈폐구〉를 보면 구름 같고, 비 같고,
물과 같다고 했으니, 문강의 행렬도 길게 늘어서 있었겠지
요. 이래저래 사람들 시선이 몰릴 수밖에 없었겠네요.

'노도유탕 제자고상'(魯道有蕩 齊子翺翔). '노도유탕'은 앞
과 같습니다. '제자고상'에서 '고상'은 '날 고'(翺), '날 상'(翔)으
로 새가 위아래로 높이 비상하는 모습입니다. 그런데 제자

가 '고상한다'고 하네요. 문강이 두 나라를 자유롭게 오가는 것이지요. 새처럼. '무치'(無恥), 부끄러움을 모르는 여인일까요? 제후의 딸이자 제후의 어머니로 권위를 갖춘 위엄 있는 행동은 아니었을까요?

④ 汶水滔滔 行人儦儦 魯道有蕩 齊子遊敖

'문수도도 행인표표'(汶水滔滔 行人儦儦). '상상'이 '도도', '방방'이 '표표'가 되었군요. '물 흐를 도'(滔)로 '도도'는 물이 흐르는 모양[流貌]입니다. '많은 모양 표'(儦)는 '표표'가 되면 사람이 많은 모습[衆貌]이지요. 모두 형용사입니다. 문수는 두 나라의 국경을 흐르는 강으로 통행하는 사람들이 많았겠지요.

'노도유탕 제자유오'(魯道有蕩 齊子遊敖). 이번에는 '유오'라는 단어가 나옵니다. '고상'과 같은 뜻이지요. '놀 유'(遊), '놀 오'(敖)로 당당하게 공개적으로 두 나라 사이를 왕래하는 것입니다.

「제풍」의 〈남산〉, 〈폐구〉, 〈재구〉에서 문강을 보는 시선은 부끄러움을 모르는 '탕녀'(蕩女)입니다. 남편 노 환공의 죽음에 책임을 묻는 것이지요. 맹자는 "사람은 부끄러움이 없을 수 없다"(孟子曰：“人不可以無恥.” 「진심 상」 6)고 했습니다. '사단'(四端) 중의 하나인 '수오지심'(羞惡之心)이 바로 '수치심'이기 때문이지요. 그래서일까요? 전한의 대학자 유향(劉向)의 『열녀전』(列女傳)을 보면 문강은 「얼폐전」(孽嬖傳)에 실려 있습니다. 군주의 총애를 빙자해서 나라를 어지럽힌 여인이지요. '송'(頌) 형식으로 붙어 있는 평가를 보겠습니다.

> 문강은 음란한데 노 환공의 배필이 되어
> 함께 제나라에 가서 제 양공과 음행을 벌였네.
> 팽생을 시켜 환공의 갈비뼈를 부러뜨렸으니
> 여인의 난행이 끝내 재앙이 되었구나
>
> 文姜淫亂, 配魯桓公, 與俱歸齊, 齊襄淫通,
> 문강음란　배노환공　여구귀제　제양음통
> 俾厥彭生, 摧幹拉胸, 維女爲亂, 卒成禍凶.
> 비궐팽생　최간랍흉　유녀위란　졸성화흉

기록 속의 문강은 걸왕의 말희, 주왕의 달기, 유왕의 포사처럼 망국, 흉화에 책임이 있습니다. 하나라와 은나라의 멸망, 주나라 동천의 빌미를 여인이 만들었다는 건데요. 걸과 주, 유왕이 포악하고 무능했기 때문 아닌가요. 가뭄과 지진 같은 자연재해로 인한 민심 동요도 컸지요. 그런데도 역사 서술은 군주의 사랑을 받았던 여인들에게도 책임을 묻습니다. 주지육림(酒池肉林), 남편들을 파티광으로 만들었다고…. 글쎄요. 탕왕과 무왕의 권력욕, 유왕의 두 아들 집단의 권력 투쟁을 더 근본 원인으로 봐야 하지요. 하지만 창업에 성공한 탕왕과 무왕의 경우 엄연히 성인의 계보에 들어 있으니, 뭐라 할 말이 없네요.

아이러니한 것은 노나라가 환공과 장공 집권 시기에 영토도 넓히고 외교 발언권도 강했으며 내정도 안정되었다는 겁니다. 제가 보기에는 '수치심'도 없을 정도로 음탕했다는 문강의 활약이 컸던 겁니다.

이쯤에서 기원전 686년(노 장공 8년)에 일어난 제 양공의 죽음이 궁금하신 분들이 계실 것 같아 간략히 말씀드리고 가겠습니다. 제 양공은 재위 12년 만에 죽는데요, 아버지 제 희공의 재위 기간이 33년이었던 것에 비하면 짧지요. 기껏해야 30대 중반 정도였을 겁니다. 『사기』 권 32 「제태공세가」에 정리된 자료를 보겠습니다.

제 양공은 대부 연칭(連稱), 관지보(管至父)에게 변방 수비를 맡기며 1년 후에 교대시켜 주겠다고 말해 놓고 약속을 지키지 않습니다. 분노한 두 사람은 양공의 이복동생 공손 무지(公孫無知)를 앞세워 시해를 기획합니다.

○ 겨울 12월에 양공은 고분에 놀러 갔다가 패구에서 사냥을 하였다. 멧돼지를 발견했는데 종자가 말했다. "팽생입니다." 양공이 분노하여 멧돼지를 쏘니, 멧돼지가 사람처럼 서서 울부짖었다. 양공은 놀라 수레에서 떨어져서 발을 다치고 신발을 잃어버렸다.

○ 양공은 궁으로 돌아와서 신발을 담당하는 역인 불(茀)에게 300대의 채찍질을 하였다. 양공이 다쳤다는 소식을 들은 공손무지, 연칭, 관지보 등이 무리를 이끌고 궁을 습격하려는 중에 왕궁에서 나오던 신발 담당자 불과 마주쳤다. 불이 말했다. "궁에 들어와 놀라게 하는 일을 잠시 멈추시지요. 궁의 사람들을 놀라게 하면 들어가기가 쉽지 않으실 겁니다." 무지가 그의 말을 믿지 않자 불은 양공에게 맞은 상처를 보여 주었다. 그 말을 믿은 모반 세력은 궁 밖에서 기다리고 불을 먼저 들여보냈다.

○ 불은 먼저 들어가 즉시 양공을 문틈에 숨겼다. 한참이 지나자 공손무지 등은 일이 발각되었을까 두려워 궁 안으로 진입했다. 불은 궁중의 호위병과 양공의 총신들과 함께 공손무지 등에게 반격했으나 이기지 못하고 모두 죽었다.

○ 무지가 궁에 들어가 양공을 찾았지만 찾지 못했다. 누군가 문틈에서 발을 보고 문을 열어 보니 양공이었다. 무

지는 바로 그를 죽이고 스스로 즉위하여 제의 군주가 되었
다.

冬十二月, 襄公游姑棼, 遂獵沛丘.
동 십 이 월   양 공 유 고 분   수 렵 패 구
見彘, 從者曰 : "彭生."
견 체   종 자 왈   팽 생
公怒, 射之, 彘人立而啼. 公懼, 墜車傷足, 失屨.
공 노   사 지   체 인 립 이 제   공 구   추 거 상 족   실 구
反而鞭主屨者茀三百. 茀出宮.
반 이 편 주 구 자 불 삼 백   불 출 궁
而無知, 連稱, 管至父等聞公傷, 乃遂率其衆襲宮.
이 무 지   련 칭   관 지 보 등 문 공 상   내 수 솔 기 중 습 궁
逢主屨茀, 茀曰 : "且無入驚宮, 驚宮未易入也."
봉 주 구 불   불 왈   차 무 입 경 궁   경 궁 미 이 입 야
無知弗信, 茀示之創, 乃信之. 待宮外, 令茀先入.
무 지 불 신   불 시 지 창   내 신 지   대 궁 외   령 불 선 입
茀先入, 即匿襄公戶間. 良久, 無知等恐, 遂入宮.
불 선 입   즉 닉 양 공 호 간   량 구   무 지 등 공   수 입 궁
茀反與宮中及公之幸臣攻無知等, 不勝, 皆死.
불 반 여 궁 중 급 공 지 행 신 공 무 지 등   불 승   개 사
無知入宮, 求公不得. 或見人足於戶間, 發視, 乃襄公,
무 지 입 궁   구 공 부 득   혹 견 인 족 어 호 간   발 시   내 양 공
遂弒之, 而無知自立爲齊君.
수 시 지   이 무 지 자 립 위 제 군

멧돼지가 팽생으로 보였다니! 팽생은 양공이 노 환공의
의문사에 책임을 물어 죽인 역사(力士)이지요. 여기서 멧돼
지가 사람처럼 서서 울었다[彘人立而啼]는 문장은 유명합니
다. 양공의 의식 속에 환공, 팽생의 죽음에 대한 죄의식이 있
었던 걸까요? 아무튼 제 양공은 사냥터에서 신발을 잃었고,
문틈으로 발이 보인 것이 계기가 되어 시해당합니다. 고우

영 화백의 『십팔사략』에는 양공은 맨발이었고, 문 앞에 잃어버린 신발이 있어서 발각된 것으로 그려져 있습니다. 팽생의 복수극!

11. 의차猗嗟

猗嗟昌兮 頎而長兮
의 차 창 혜 　기 이 장 혜

아! 멋있어라,
헌칠하게 큰 키.

抑若揚兮 美目揚兮
억 약 양 혜 　미 목 양 혜

신중하게 움직이니
눈이 아름답구나.

巧趨蹌兮 射則臧兮
교 추 창 혜 　사 즉 장 혜

세련된 걸음걸이 활개 편 듯,
활솜씨도 대단하네.

猗嗟名兮 美目清兮
의 차 명 혜 　미 목 청 혜

아! 이름날 만하여라.
눈이 맑구나.

儀旣成兮 終日射侯
의 기 성 혜 　종 일 석 후

몸가짐이 의젓한데
종일 과녁을 명중시키네.

不出正兮 展我甥兮
불 출 정 혜 　전 아 생 혜

정곡을 뚫으니,
진실로 우리 조카구나.

猗嗟孌兮 清揚婉兮
의 차 련 혜 　청 양 완 혜

아! 아름답구나.
눈과 눈썹이 예쁘구나.

舞則選兮 射則貫兮
무 즉 선 혜 　사 즉 관 혜

춤추면 눈에 띄고
활 쏘면 관통시키네.

四矢反兮 以禦亂兮
사 시 반 혜 　이 어 란 혜

네 개 화살 겹쳐 꽂히니
난리를 막으리라.

「제풍」의 마지막 작품 〈의차〉는 3장 6구로 되어 있습니다. '의차'는 감탄사입니다. '아아 의'(猗), '탄식할 차'(嗟)이니 '아아!' 정도로 푸시면 됩니다. 〈의차〉의 주인공은 '완벽남'입니다. 인물 좋고 행동도 반듯하고 춤도 잘 추는데 활솜씨는 백발백중. 누구일까요? 노 장공입니다. 문강의 아들이지요. 「제풍」에 노나라 장공이 주인공으로 등장하는 시가 나오다니…. 네, 그렇습니다. 문강의 사후, 장공은 여러 차례 제나라를 예방합니다. 제 환공과 국제회담을 하고 본인의 혼사도 성사시키지요. 좀 이상하긴 합니다. 「제풍」에 노 환공, 환공의 아내, 환공의 아들이 모두 주인공으로 등장하니까요.

사실 『시경』에는 '노풍'이 없지요. 공자님이 3000편을 300편으로 편찬했다고 전하는데, 왜 자신의 나라인 노의 노래는 없을까요? 사실 송(宋)나라 노래, '송풍'도 없습니다. 그 대신 「노송」(魯頌), 「상송」(商頌)은 있지요. 송나라는 은(商)나라의 제사를 받드는 제후국이자, 공자 선조들의 나라이기도 하지요. 그런데 노와 송은 분명 제후국인데 천자 나라의 종묘 악가[宗廟之樂歌]인 '송'(頌)이 왜 있는 걸까요?

현재 자료로 보면 공자의 시대 이전부터 '노풍', '송풍'은 없었던 듯합니다. 계찰(季札)이 노나라에서 '주악'(周樂)을 들은 기원전 544년에도 '노풍', '송풍'은 없었으니까요. 『시경집전』 「노송」의 앞에 이에 대한 주자의 코멘트가 남아 있습니다. 이 내용은 앞으로 나올 『시경 강의』 마지막 권에서 더 말씀드리고, 여기서는 주자의 추정만 언급하고 가겠습니다.

혹자가 물었다.

"노나라에 '풍'이 없는 것은 왜인가?"

"선유가 '당시의 왕들이 주공의 후손을 표창하여 선대에 비견하였다. 그러므로 천자가 순수할 때에 노나라의 시를 연주하지 않아서 편제가 태사의 직책에 들어 있지 않았던 것이다. 이 때문에 송나라와 노나라는 풍이 없다'고 했으니 아마도 그런 것 같다."

或曰：“魯之無風, 何也.”
혹 왈　 노 지 무 풍　 하 야
“先儒以爲時王襃周公之後, 比於先代.
선 유 이 위 시 왕 포 주 공 지 후　 비 어 선 대
故巡守, 不陳其詩, 而其篇第不列於大師之職.
고 순 수　 부 진 기 시　 이 기 편 제 불 렬 어 대 사 지 직
是以宋魯無風. 其或然歟!”
시 이 송 노 무 풍　 기 혹 연 여

주공의 노나라, 미자의 송나라의 경우 비록 제후국이지만 천자국으로 예우를 해줬다는 것인데, 과연 그럴까요?

다시 「제풍」〈의차〉로 돌아와서, 주자는 이 시를 어떻게

볼까요?

제나라 사람이 노 장공의 위의와 기예의 아름다움이 이와
같음을 칭송했으니, 이는 능히 예로써 그 어머니의 잘못을
막지 못한 것을 풍자한 것이다. 이는 '애석하다, 오직 이 점
만이 부족하다'라고 말한 것과 같다.

齊人, 極道魯莊公威儀技藝之美如此,
제 인   극 도 노 장 공 위 의 기 예 지 미 여 차
所以刺其不能以禮防, 若曰惜乎其獨少此耳.
소 이 자 기 불 능 이 례 방   약 왈 석 호 기 독 소 차 이

와우! 그냥 칭찬이 아니었군요. 저렇게 잘생기고 멋지
면 뭐 하냐, 어머니의 잘못을 제어하지 못했는데…. 자식의
도리를 다하지 못한 책임이 있다는 뜻이네요. 시 속에 '미
간'(微諫), 은미한 간언이 숨겨져 있다고 보는군요.

「모시서」에는 당시 두 나라에서 돌았던 민망한 소문도
언급되어 있답니다. 사람들이 장공이 환공이 아니라 양공의
아들이라고 생각했다[人以爲齊侯之子]는. 지금도 이런 뜬소
문, 뒷말들이 돌아다니지요. 누가 사실은 어떤 유력자의 숨
겨 놓은 자식이다…, 라는 식의.

물론 아닙니다. 장공의 경우『춘추좌전』에 출생 기록이
남아 있답니다. 문강의 결혼은 환공 3년(기원전 709년) 가을이

었고, 3년 후인 환공 6년(기원전 706년) 9월 24일에 아들 장공이 태어납니다. 이례적으로 생년월일이 분명합니다. 너무 이례적이라서 도리어 이상할 지경이지요. 우연히도 아버지 환공과 생일이 같아서 이름을 '동'(同)으로 지었다고 합니다. 적장자의 출생을 축하하여 큰 연회를 베풀었고, 특별히 좋은 유모도 구했다고 하네요. 그런데도 양공의 아들이란 소문이 돌다니. 문강이 오빠 양공을 다시 만난 것은 한참 뒤인 기원전 694년(환공 18)인데요. 이상하지요.

그럼 이런 소문의 진원지는 어딜까요? 놀라지 마십시오. 친부 노 환공입니다. 『춘추공양전』 장공 원년의 기록을 보면 "문강이 제후에게 남편 환공을 헐뜯자, 환공이 동은 내 아들이 아니다, 제후의 자식이다"[夫人譖公於齊侯, 公曰 : "同非吾子, 齊侯之子也"]라고 폭언을 했다고 합니다. 이게 뭡니까? 완전 막장 드라마군요. 환공이 홧김에 내뱉은 말이지만 이에 격분한 제 양공은 매제(妹弟) 환공을 죽이고 말지요. 팽생의 손을 빌려서. 아내의 불륜에 격분한 남편의 한 마디가 몰고 온 연쇄 반응입니다.

참고로 제 환공이 패자가 된 것은 기원전 679년(노 장공 15) 봄인데, 이해 여름에 문강은 제나라에 갑니다. 또 다른 이복오빠 환공을 만난 것이지요. 이때까지 노 장공은 국제회담에 초청받지 못하는 처지였거든요. 기원전 672년(노 장공 22), 문강이 죽은 다음 해에 제에 가서 납폐(納幣)하고 서서히 제 환공이 주도하는 국제회담에 등장합니다. <의차>는 장공이 제나라에 납폐하러 간 시기의 노래일지도 모릅니다. 다만 장공의 나이가 걸리는군요. 34세였으니까요. 그동안 적처(嫡妻) 자리를 비워 놓았던 것이지요. 장공의 아내 애강(哀姜)을 제 양공의 딸로 추정하기도 한답니다. 애강도 시어머니이자 고모였던 문강 못지않은 남성 편력을 보이지만, 여기서는 그만….

① 猗嗟昌兮 頎而長兮 抑若揚兮 美目揚兮
　巧趨蹌兮 射則臧兮

'의차창혜'(猗嗟昌兮)의 '번성할 창'(昌)은 사람의 경우, 딱 보는 순간 멋있고 매력이 넘치는 것[盛]입니다. 이런 사람을 보면 다시 한번 뒤돌아보게 되지요. '기이장혜'(頎而長兮)에서 '헌걸찰 기'(頎)는 헌칠하게 키가 크고 풍채가 당당한 것입니다. 장공이 우월한 신체를 가졌군요.

　'억약양혜 미목양혜'(抑若揚兮 美目揚兮)에서 우선 '오를 양'(揚) 자를 봐주십시오. 1장에 2번, 3장에 1번 나옵니다. 주자는 시에서 세 번 등장하는 양(揚)을 각각 다르게 해석하는 데,『모시정의』와 주자의 해석이 판이하고, 후대 학자들의 논의도 다양합니다. 정약용의『시경강의』를 보면 정조도 1장의 두번째 '양'을 '눈이 움직이는 것'이라 하고, 3장의 '양'을 '눈썹이 아름다운 것'이라 한 것이 이상하다고 묻습니다. 논란은 뒤로 하고 여기서는 주자의 주석을 따라가겠습니다.

'억약양혜'는 걸을 때 몸을 약간씩 아래로[抑] 위로[揚] 움직이는 것입니다. 행동거지가 신중하고 아름다운 것[美之盛]을 표현한 것입니다. 왜 이렇게 움직일까요? 여러 사람이 바라보는 공개된 장소에서 겸손하고 신중한 것이지요. 이럴 때 시선은 어떤가요? '미목양혜', 당연히 차분하고 아름답지요. 여기서 '양'은 눈의 움직임[目之動]입니다. 모든 사람의 시선이 이 사람에게 집중되어 있군요.

'교추창혜 사즉장혜'(巧趨蹌兮 射則臧兮)에서 '공교할 교'(巧)는 '기교'(技巧), '교묘'(巧妙) 같은 단어로 자주 쓰는 글자이지요. 여기서는 '아름답다', '의젓하다'입니다. '추'(趨)는 '달릴 추' 자로 '교추'는 '성큼성큼 의젓하게 걷는 것'입니다. '빨리 걸을 창'(蹌)이니 '교추창혜'는 새가 날개를 편 듯 중심을 잡고 보폭을 넓혀 걷는 것을 표현한 것입니다. 이 사람이 발걸음도 멋있네요.『논어』「향당」에 '빨리 걸을 때는 날개를 편 듯이 했다'[趨進, 翼如也]라고 나오지요. 이 구절을 볼 때마다 '날개를 편 듯이'라 하면, 팔을 어떻게 한 걸까? 고민한답니다.

'사즉장혜', 이번에는 활솜씨입니다. 활쏘기는 '육예'(六藝 : 禮樂射御書數)에 속한 것으로 군자의 필수 덕목이었지요. '착할 장'(臧)은 솜씨가 뛰어난[能] 것입니다. 인물 좋고 행동 반듯하고 활솜씨도 대단하니 어디 하나 흠잡을 데가 없는 완벽남입니다. 아! 어머니의 행실이 발목을 잡지만요.

② 猗嗟名兮 美目清兮 儀旣成兮 終日射侯
　 不出正兮 展我甥兮

'의차명혜 미목청혜'(猗嗟名兮 美目清兮)에서 '명'은 '칭'(稱)으로 '이름날 만하다'입니다. 여러 사람들이 장공의 행동거지와 기예를 칭찬하는군요[言其威儀技藝之可名也]. 이번에는 '미목청혜'라 하네요. '청'은 '눈이 맑고 밝은 것'[目淸明]입니다. 역시 동양은 코보다는 눈을 봅니다. 민망할 때도 '면목'(面目)이 없다고 하잖아요.

'의기성혜 종일석후'(儀旣成兮 終日射侯)에서 '의'(儀)는 '거동'(擧動)입니다. '의기성혜'는 공개석상에서 끝까지 행동거지가 예의에 어긋남이 없는 것[言其終事而禮無違也]이지요. 지금 장공은 '빈사례'(賓射禮)의 자리에 있습니다. 제의 귀빈(貴賓)이 되어 의전 절차를 수행 중인데, 대단한 활솜씨를 보여 주고 있네요. '과녁 후'(侯)인데요, 제후의 '빈사례'에서는 삼베로 만든 과녁을 세웁니다[張布而射之者也]. 그런데 종일 활을 쏘면서 과녁을 벗어나지 않는다고 하니, 대단합니다. '쏠 사'(射)는 '적중하다'라고 할 때는 '맞힐 석'이 됩니다.

'불출정혜 전아생혜'(不出正兮 展我甥兮). 그뿐이 아닙니다. 과녁의 정중앙인 '정'을 벗어나지 않는군요. 파리올림픽의 양궁 선수들처럼 계속 '텐텐텐!' '정곡'(正鵠)을 맞추는 것이지요. 과녁이 삼베일 때는 '정', 가죽일 때는 '곡'이라 합니다. '전아생혜'의 '펼 전'(展)은 여기서는 부사로 '진실로'[誠]입니다. '생질 생'(甥)은 형제자매의 아들, 딸들로 지금은 '조카'라고 하지요. 그런데 이게 뭔 소린가요? 새삼스럽게 장공을 '우리의 조카'라고 하다니. 굳이 '우리 조카'라고 할 필요가 있나요? 문강의 아들이면 당연히 '조카'인데…. 그만큼 제 양공의 아들이라는 소문이 사그라들지 않았던 모양입니다. 주자는 이렇게 말합니다.

자매의 아들을 '생'이라 하니, 제나라의 생질이 된다고 칭

하고, 또 제후의 아들이 아님을 밝힌 것이니 이는 시인의 은미한 말이다.

姊妹之子曰甥, 言稱其爲齊之甥, 而又以明非齊侯之子,
자 매 지 자 왈 생   언 칭 기 위 제 지 생   이 우 이 명 비 제 후 지 자
此詩人之微詞也.
차 시 인 지 미 사 야

은미한 말이 아니라 췌언이지요. 답답한 노릇입니다. 노환공이 홧김에 내지른 말 한마디의 후폭풍이 컸던 겁니다. 아니라고 아무리 말해도 쉽게 사그라들지 않는 것이 소문이잖아요? '아니 땐 굴뚝에 연기 나라'라는 심리지요. 진실은 깊이 숨겨져 있기 마련이라는 호기심도 있고요.

③ 猗嗟孌兮 淸揚婉兮 舞則選兮 射則貫兮
　　四矢反兮 以禦亂兮

'의차련혜 청양완혜'(猗嗟孌兮 淸揚婉兮)에서 '련'(孌)은 '아름다울 련'입니다. 장공의 어디가 이렇게 아름답다는 걸까요? '청양완혜', 아! '청양'이군요. 여기서 '청'은 '눈이 아름다운 것'[目之美]이고, '양'은 '눈썹이 아름다운 것'[眉之美]입니다. '완'(婉)은 '예쁠 완'이니 눈과 눈썹이 빼어나게 아름다웠던 모양입니다.

'무즉선혜 사즉관혜'(舞則選兮 射則貫兮). 뿐만이 아닙니다. 춤도 잘 추는군요. '춤출 무'(舞)인데, 왜 갑자기 춤을 추나 이상하신가요? 『주례』에 의하면 '빈례는 다른 나라와의 친교를 위한 것'[以賓禮親邦國]이지요. 원래 '사례'(射禮)에는 악공들의 연주와 음주가 동반됩니다. 「소남」의 〈추우〉(騶虞) 연주에 맞춰 활을 쏜다고 합니다. 승패에 따라 벌주를 마시는 사람도, 춤을 추는 사람도 있겠지요. '가릴 선'(選)은 '취사선택'(取捨選擇), '선거'(選擧) 등 일상에서 많이 사용하는 글자인데요. 여기서는 다른 사람보다 뛰어난 것[異於衆]을 말합니다. 눈에 확 띄는 것이지요. '사즉관혜', 활을 쏘면 과녁의 가죽을 꿰뚫는군요. '꿸 관'(貫)은 관통(貫通)하는 것입니다.

'사시반혜 이어난혜'(四矢反兮 以禦亂兮)의 '사시'는 '네 개의 화살'이고 '반'은 '반복하다'[復]입니다. 네 개의 화살이 모두 같은 자리에 꽂히니 '백발백중'(百發百中), 신궁(神弓)의 솜씨군요. '이어난혜'에서 '어'(禦)는 '막을 어'입니다. 이 정도 솜씨면 내란, 외침을 모두 막아 낼 수 있겠네요. 그렇습니다. 노 장공의 32년 치세는 상대적으로 노의 안정기였고 국제적 위상도 높아졌습니다. 물론 어머니 문강, 외삼촌 제 환공의 도움이 컸지만요. 이후 민공 – 희공 – 문공 – 선공 때에 이르면 정치 주도권이 삼환(三桓)인 맹손(孟孫), 숙손(叔孫), 계손

(季孫) 집안으로 넘어갑니다.

　삼환은 노 환공의 아들들로 장공의 동생인, 경보(慶父), 숙아(叔牙), 계우(季友)의 후손들입니다. 장공의 사후, 이들 집안이 노나라 정치를 좌지우지합니다. 공자는 "녹봉을 주는 권한이 공실을 떠난 지 다섯 제후가 지났다"[祿之去公室, 五世矣. 『논어』 「계씨」 3]고 통탄했는데요. 선공, 성공, 양공, 소공, 정공 때에 이르면 노나라에서 제후의 존재는 유명무실해집니다. 소공의 경우 대부들의 권세에 시달리다가 제나라로 망명하여 객사할 정도였으니까요(기원전 510년).

　노 장공의 활솜씨가 위력을 발휘한 유명 사건이 있었습니다. 기원전 684년(장공 10), 장공은 송(宋)과 싸워 대승을 거듭니다. '승구지역'(乘丘之役)이라는 전쟁인데요. 다음 해에 송나라가 보복전을 벌이지만 장공은 다시 크게 승리합니다. 연이어 영토 방어(防禦)에 성공한 것이지요. '승구지역'에서 장공은 '금복고'라는 이름의 화살로 송의 장수 남궁장만을 쏘아 맞히고 포로로 잡습니다[公以金僕姑射南宮長萬, 公右歂孫生搏之. 『춘추좌전』 장공 11]. 활솜씨로 위상을 높이고 나라를 지켰다는 것이 허언이 아니지요.

　장공이 남궁장만을 잡았다가 돌려보낸 사건은 송에서 대형 사건으로 이어졌는데요. 송 민공이 포로였던 남궁장만을 우습게 여겼기 때문입니다. 기원전 682년(장공 12), 이에 분격한 남궁장만은 송의 제후 민공과 귀족들을 죽이고 진(陳)으로 도망갑니다. 손수레에 어머니를 태우고 하루 만에 진에 도착했다니, 그만큼 힘이 장사였지요. 송에서는 뇌물을 주며 남궁장만의 송환을 요구했는데요. 진나라는 여인을 이용하여 남궁장만을 대취하게 만들고는 그 질기다는 무소 가죽 부대로 싸서 송으로 보냈지요. 하지만 남궁장만이 송에 도착했을 때 수족이 모두 가죽 부대를 뚫고 나왔다고 합니다. 그 후에는? 원한에 찬 송의 제후는 그를 소금에 절였지요. 우와! 장공의 활솜씨가 불러일으킨 나비효과인가요?

『논어』에는 공자님이 활 시합의 예의에 대해 언급한 문장이 있습니다.

○ 공자께서 말씀하셨다.

"군자는 다투는 바가 없으나, 있다면 반드시 활쏘기이다. 읍하고 사양하며 올라가고, 활 쏘고 내려와서 술을 마시니 그 다툼이 군자다운 것이다. 「팔일」 7

子曰 : "君子無所爭, 必也射乎! 揖讓而升, 下而飲,
자 왈　　군 자 무 소 쟁　 필 야 사 호　　읍 양 이 승　 하 이 음
其爭也君子."
기 쟁 야 군 자

○ 공자께서 말씀하셨다.

"활쏘기에서 과녁을 꿰뚫는 것을 주로 하지 않는 것은 힘을 쓰는 데 등급이 같지 않기 때문이다. 이것이 옛 도리이다." 「팔일」 16

子曰 : "射不主皮, 爲力不同科, 古之道也."
자왈　　사불주피　위력부동과　고지도야

<의차>의 상황을 좀 더 구체적으로 그려 볼 수 있군요. 활쏘기 전에 세 번 읍(揖)을 한 후에 쏘는 자리[무대 : 堂]로 갑니다. '읍'은 손을 마주 잡고 허리를 굽힌 상태에서 얼굴을 들고 인사하는 것이지요. 네, 그렇습니다. 중국 드라마에 나오는 상대를 예우할 때의 인사법입니다. 활쏘기를 마친 후에도 다시 읍을 하고 내려오는데요. 아래 자리에서 기다렸다가 승패가 결정된 뒤에는 패자가 '당'에 올라 벌주를 마시지요. 공자는 이런 방식의 활쏘기[射]만이 군자가 경쟁할 만한 일이라고 하는 겁니다.

'사불주피'는 『의례』 「향사례」(鄕射禮)에 있는 문장인데요, '위력부동과'는 공자의 해석입니다. 옛날에는 정곡을 맞추는 '텐텐텐!'을 목표로 삼지 않았다는 겁니다. 사람마다 역량이 서로 다르니까요. 공자의 말은 지금은 그렇지 않다는 탄식입니다. 점점 경쟁이 과열되어 정곡을 관통시키는 것을

대단하게 여기게 된 것이지요. <의차>에서도 정곡을 관통하고 심지어 화살 네 발이 같은 자리에 꽂히는 것을 예찬합니다. 「향사례」에는 군자의 '사례'(射禮)인 '사불주피'(射不主皮) 다음에 바로 '주피지사자'(主皮之射者)가 나옵니다. 과녁을 적중시키는 것을 위주로 하는 활시합이지요. 이 경우에는 승자만 다시 활을 쏩니다. 지금 양궁처럼 정곡의 10점을 노리는 것이지요. 승자는 계속 활을 쏠 수 있지만 진 사람은 무대를 내려와야 합니다. 토너먼트 방식이었지요.

주자는 <의차> 시 뒤에 당(唐)의 춘추학 대가인 조광(趙匡)과 남송의 성리학자 여조겸(呂祖謙)의 언급을 첨부했습니다. 여조겸은 『춘추좌전』 비평서인 『동래박의』(東萊博議)의 저자이고 주자와 함께 『근사록』(近思錄)을 편찬한 대학자이지요.

ⓐ 혹자가 말하였다.

"아들이 어머니를 제재할 수 있습니까?"

조자[조광]가 말하였다.

"남편이 죽으면 아들을 따르는 것은 백성에게도 통하는 것인데, 하물며 군주의 경우에 있어서랴. 군주는 백성과 신의 주인이요, 풍교의 근본이다. 군주가 집안을 바르게 하지 못한다면 어떻게 나라를 바로잡을 수 있겠는가?

만약 장공이 애통함으로써 아버지를 생각하고, 정성과 공경으로써 어머니를 섬기며, 위엄과 형벌로써 아랫사람들을 다스려 거마와 종복들이 자신의 명을 기다리지 않음이 없게 하였다면, 부인이 걸어서 갈 수 있었겠는가?

부인이 간 것은 장공의 애통함과 공경이 지극하지 못하고, 위엄과 명령이 행해지지 않은 것이다."

或曰 : "子可以制母乎"
혹 왈   자 가 이 제 모 호

趙子曰 : "夫死從子, 通乎其下, 況國君乎.
조 자 왈   부 사 종 자   통 평 기 하   황 국 군 호

君者, 人神之主, 風敎之本也. 不能正家, 如正國何?
군 자   인 신 지 주   풍 교 지 본 야   불 능 정 가   여 정 국 하

若莊公者, 哀痛以思父, 誠敬以事母, 威刑以馭下,
약 장 공 자   애 통 이 사 부   성 경 이 사 모   위 형 이 어 하

車馬僕從, 莫不俟命, 夫人徒往乎? 夫人之往也,
거 마 복 종   막 불 사 명   부 인 도 왕 호   부 인 지 왕 야

則公哀敬之不至, 威命之不行耳."
즉 공 애 경 지 부 지   위 명 지 불 행 이

ⓑ 동래여씨가 말하였다.

"이 시 3장은 기롱하고 풍자한 뜻이 모두 말 밖에 있다. 차탄하기를 두세 번 했으니 장공이 크게 부족했던 점은 말하지 않아도 알 수 있다."

東萊呂氏曰 : "此詩三章, 譏刺之意, 皆在言外.
동 래 려 씨 왈   차 시 삼 장   기 자 지 의   개 재 언 외

嗟歎再三, 則莊公所大闕者, 不言可見矣."
차 탄 재 삼   즉 장 공 소 대 궐 자   불 언 가 견 의

ⓐ에서는 '남편이 죽으면 자식의 뜻을 따라야 한다'는 삼종지도(三從之道)를 들고 나오네요. 하지만 핵심은 문강이 삼종지도를 행했느냐가 아닙니다. 장공이 수신제가(修身齊家)에 실패했다는 것이지요. 아버지의 죽음을 애통해하고 어머니를 정성을 다해 섬겨 문강이 삼종지도를 따르게 유도했어야 한다는 겁니다. 글쎄요? 문강처럼 강인한 여성을 장공이 제재(制裁)할 수 있었을까요? '폐구'의 처지인데 무슨 수로 대어가 들락날락하는 것을 막을 수 있겠어요?

조광도 어렵다고 본 모양입니다. 마부와 종복들을 엄하게 단속해서 따라나서지 못하게 했다면 문강이 걸어서 갔겠느냐는 말까지 하다니, 어이가 없군요. 우리 일생에서 부모님은 가장 소중한 분들이지요. 하지만 항상 좋은 관계를 유지하기는 무엇보다 어렵습니다. 제발 그러지 마시라는 제재는커녕 조심스러운 권유도 힘들지요.

공자님도 부모님의 안색을 편하게 해드리는 것이 어려운 일[色難]이라고 했지요. 주자는 '색난'을 자식이 항상 얼굴 표정을 부드럽게 하는 것이라 했는데, 어느 경우이든 어렵기는 마찬가지입니다. 공자님은 부모님이 잘못을 저지르실 때 자식은 어찌해야 하는가? 모범답안을 주셨는데요. 읽어 보겠습니다.

공자께서 말씀하셨다.

"부모님을 섬길 때 완곡하게 간언해야 하니, 부모님이 내 뜻을 따르지 않으시는 것을 보고도 또 공경하여 부모님의 마음을 거스르지 않으며 힘들어도 원망하지 않는다."

「이인」 18

子曰 : "事父母幾諫. 見志不從, 又敬不違, 勞而不怨."
자 왈   사 부 모 기 간   견 지 부 종   우 경 불 위   로 이 불 원

장공은 문강에게 '기간'(幾諫)을 하거나 제재를 하지 않았지요. 할 수도 없었겠지만요. 문강의 인맥과 정치력이 절실히 필요했으니까요. 오히려 어머니의 위력을 충분히 활용해서 자신의 자리를 튼튼히 만들었지요.

ⓑ에서 여조겸은 '차탄'을 감탄이 아니라 '애석하다'[惜]는 탄식으로 봅니다. 주자도 이런 입장인데요. 시 속에 기롱과 풍자의 뜻이 있다고 본 것이지요. 장공의 남다른 위의와 기예가 아깝다는…. 하지만 우리는 감탄으로.

「제풍」을 마치며

이상으로 「제풍」 11편 34장 143구를 모두 읽었습니다. 「제풍」의 〈남산〉, 〈보전〉, 〈폐구〉, 〈재구〉, 〈의차〉는 모두 노 환공과 노 장공, 문강과 제 양공의 이야기가 배경입니다. 『춘추좌전』 등 관련 자료를 읽을 수밖에 없었습니다. 사실 〈남산〉, 〈폐구〉, 〈재구〉는 '노풍'(魯風), 노나라 노래라고 해도 되지요. 현재 『시경』에 '노풍'이 없으니 어쩔 수 없지만요. 후대 『시』의 전승 과정을 보면 노와 제 지역 출신의 학자들이 중심을 이뤘지요(『시경 강의』 3, 204~214쪽). 노와 제의 경우, 변경이 접해 있고 교류가 빈번했으니 노래 곡조도 비슷했나, 이런 생각도 해봅니다.

오나라 공자 계찰이 남긴 코멘트로 「제풍」을 마무리하겠습니다.

노나라 악공이 「제풍」을 노래했다.

계찰이 말했다.

"아름답군요! 넓고 넓군요. 큰 교화가 담겨 있습니다. 동해
가에 있는 나라이니 태공망의 나라이군요. 그 나라의 역량
은 헤아릴 수 없을 정도입니다."『춘추좌전』노양공 29년

爲之歌齊.
위 지 가 제
曰 : "美哉, 泱泱乎, 大風也哉, 表東海者, 其大公乎,
왈   미 재   앙 앙 호   대 풍 야 재   표 동 해 자   기 태 공 호
國未可量也."
국 미 가 량 야

우리가 읽은 「제풍」은 대부분 불륜과 방종인데 계찰의
입장은 다르군요. '앙앙', 끝없이 성대한 문화적 에너지를 느
꼈으니까요. 그리고 시조 태공망의 영향이라고 합니다. 하
긴 이 당시에 남쪽의 신흥 강국 오나라는 황하 주변의 북국
(北國) 중에서도 제와의 우호를 중시했지요. 노를 거쳐 제나
라에 간 계찰은 안자(晏子)를 만나 친교를 다집니다. 그렇습
니다. 개인적 상황, 감성에 따라 음악도 영화도 다르게 다가
오는 법이지요. 공자의 '산시'(刪詩) 이전이니 지금은 사라진
다른 작품들이 함께 연주되었을지도 모르지요.

진풍
陳風

진 지역의 노래

이제 「진풍」(陳風), 진나라 노래로 들어가겠습니다. 진나라에 대한 기본 정보는 『사기』 권36 「진기세가」(陳杞世家)에 있습니다. 사마천은 왜 진나라와 기(杞)나라의 역사를 묶어 놓았을까요? 이유가 있습니다. 주 무왕은 창업한 후에 이전 왕조의 후손들을 찾아 제후로 봉해 주어 선조의 제사를 받들게 했는데요. 왕조 교체기에 흩어진 민심을 수습하기 위한 정치적 선택이었습니다. 고도의 정치술로 후대에 관례가 되었답니다. 나라는 빼앗아도 제사를 끊으면 안 된다는…. 그때 순(舜)의 후손 규만(嬀滿)을 찾아서 진(陳) 땅에 봉하고 호공(胡公)으로 삼았지요.

그럼 '기우'(杞憂)로 알려진 기나라는? 네, 그렇습니다. 하우(夏禹)의 후손 동루공(東樓公)에게 봉해 준 나라지요. 하 다음 왕조인 은의 후손은? 주(紂)의 아들 무경(武庚)에게 제사를 받들게 했는데, 성왕 시대에 무왕의 아우들인 관숙(管叔), 채숙(蔡叔), 곽숙(霍叔)과 합심해 난을 일으키는 바람에 처형당합니다. 그 유명한 '삼감'(三監)의 난입니다. 주공이 진압한 후에 주(紂)의 서형 미자(微子)를 송(宋)에 봉하여 은나라의 시조인 탕(湯)의 제사를 잇게 합니다. 그때 미자가 받은 명령서 형식의 임명장이 『서경』의 「미자지명」(微子之命)이고요. 현재 진의 호공이 받은 임명장은 전해지지 않습니다. 하지만 「미자지명」을 보면 "그대의 직무와 사명에 신중하고 법도를 잘 따라서 우리 주 왕실을 보필하라!"[欽哉, 往敷乃訓, 慎乃服命, 率由典常, 以蕃王室]고 되어 있는데요. 같은 내용이 었겠지요. 왕실의 울타리가 되어라!

주자는 『춘추좌전』, 『모시정의』의 관련 기록을 근거로 『사기』의 내용을 더 구체적으로 남겼습니다. 한번 읽어 볼까 요?

○ 진(陳)은 나라 이름이다. 태호 복희씨의 옛터이다. 『서경』 「우공」에 의하면 예주 동쪽에 있었다. 그 지역은 넓고 평평하여 명산과 대천이 없다. 서쪽으로 외방산을 바라보고, 동쪽으로는 맹제택(孟諸澤)까지 미치지는 못한다.

○ 주 무왕 때에 순임금의 후손 유우알보(有虞閼父)가 주나라 도정(陶正)이 되니, 무왕은 그가 그릇을 잘 만들고 또 성인의 후손이라 하여 맏딸 태희를 알보의 아들 만(滿)에게 시집보냈다. 만을 진에 봉해서 완구 근처에 도읍하였다.

○ 그는 황제와 제요의 후손과 함께 삼각(三恪 : 주 무왕이 우순·하·은 삼대의 후손을 각각 진陳·기杞·송宋에 봉하고 '삼각'이라고 칭하여 존경의 뜻을 표함)이 되었으니 이가 호공이다.

○ 태희 부인은 존귀한 신분으로, 무격과 가무의 일을 좋아

하니 백성들이 이에 동화되었다. 지금의 진주(陳州)가 바로
그 지역이다.

陳, 國名. 大皞伏羲氏之墟, 在禹貢豫州之東.
진 국명 태호복희씨지허 재우공예주지동
其地廣平, 無名山大川. 西望外方, 東不及孟諸.
기지광평 무명산대천 서망외방 동불급맹제
周武王時, 帝舜之胄有虞閼父爲周陶正, 武王,
주무왕시 제순지주유우알보위주도정 무왕
賴其利器用, 與其神明之後, 以元女大姬, 妻其子滿,
뢰기리기용 여기신명지후 이원녀태희 처기자만
而封之于陳, 都於宛丘之側.
이봉지우진 도어완구지측
與黃帝帝堯之後, 共爲三恪, 是爲胡公.
여황제제요지후 공위삼각 시위호공
大姬婦人尊貴, 好樂巫覡歌舞之事, 其民化之.
태희부인존귀 호요무격가무지사 기민화지
今之陳州, 卽其地也.
금지진주 즉기지야

『서경』「우공」의 예주는 지금의 하남성 일대인데요. 진
은 하남성 동쪽 지역입니다. 춘추시대에는 정나라, 송나라
아래의 작은 나라로 초나라가 중원으로 북상할 때 경유지였
습니다. 나중에는 초나라와 오나라의 전쟁터가 되었지요.

주 무왕이 황제, 제요, 제순의 후손을 '삼각'으로 특별 대
우했다는 언급이 있네요. '삼갈 각'(恪)은 상대방을 예우한다
는 뜻입니다. 이 내용은 『춘추좌전』 양공 25년(기원전 548), 정
자산의 언급으로 나옵니다[對曰 : 昔虞閼父爲周陶正, 以服事我
先王. 我先王賴其利器用也, 與其神明之後也, 庸以元女大姬, 配胡

公而封之陳, 以備三恪]. 무왕은 호공에게 태희를 시집보냈으니, 더욱 우대를 했네요. 그런데 태희는 무격(巫覡)과 가무(歌舞)를 좋아하고 즐겼군요. '무당 무'(巫), '박수 격'(覡)으로 '무격'은 남녀 무당과 굿을 하는 겁니다. 이 역시 「세가」에는 없는 내용입니다. 『한서』 「지리지」에 "존귀한 부인이 제사 지내는 것을 좋아하고 축사와 무당을 썼기 때문에 무당의 굿이 풍속이 되었다"[婦人尊貴, 好祭祀, 用史巫, 故其俗巫鬼]고 한 다음에 〈완구〉와 〈동문지문〉을 예로 듭니다. 무풍(巫風)이 강했던 진나라는 기원전 478년, 초(楚) 혜왕(惠王, 재위 : 기원전 489~432)의 북벌로 멸망합니다.

1. 완구宛丘

子之湯兮 宛丘之上兮
자 지 탕 혜 완 구 지 상 혜

맘껏 즐기는 그대여!
완구 위에 있구나

洵有情兮 而無望兮
순 유 정 혜 이 무 망 혜

참으로 흥취는 있으나
볼 만한 것은 없도다

坎其擊鼓 宛丘之下
감 기 격 고 완 구 지 하

둥둥둥 북을 치니,
완구 아래에 있구나

無冬無夏 值其鷺羽
무 동 무 하 치 기 로 우

겨울 여름 할 것 없이
백로 깃을 꽂았도다

坎其擊缶 宛丘之道
감 기 격 부 완 구 지 도

둥둥둥 질장구 치며,
완구 길에 있구나.

無冬無夏 值其鷺翿
무 동 무 하 치 기 로 도

겨울 여름 할 것 없이
백로 일산을 잡았도다.

'완구'는 진의 도읍이지요. 사철 북, 장구 소리가 흥취를 돋우고, 춤을 추는 사람들이 있군요. '무풍'(巫風)입니다. 무격의 굿이 성하고 유흥의 분위기가 만연했군요.

예나 지금이나 사람들이 즐기기 위해 가는 곳이 있지요. 네, 지금 서울에서는 성수동, 연남동이 핫한가요? 세대에 따라 다른데요. 7, 80년대에는 특별한 일이 없어도 주말에는 종로와 명동을 어슬렁거렸습니다. 그러다가 동창을 만나기도 하고. 여러분은 '불금'에 어디로 가시나요?

① 子之湯兮 宛丘之上兮 洵有情兮 而無望兮

'자지탕혜 완구지상혜'(子之湯兮 宛丘之上兮)에서 '끓일 탕'(湯)은 '방탕할 탕'(蕩)의 뜻입니다. 여기서 '자'(子)는 '거리낌 없이 방탕하게 노는 사람'[遊蕩之人]이고요. '완구'의 위에서 논다고 했으니 공개된 장소이군요. '굽을 완'(宛)인데, 사방이 높고 가운데가 움푹 파인 분지[四方高, 中央下]를 '완구'라고 합니다. 여기서는 지명이지요.

　'순유정혜 이무망혜'(洵有情兮 而無望兮)의 '순'(洵)은 '참으로'라는 부사지요. 진탕하게 노는 분들이 '참으로 정이 있다'네요. 무슨 뜻일까요? 주자는 '정사'(情思)라고 했는데, 흥이 넘치는 것이지요. 하지만 그들을 바라보는 사람들의 시선은 냉담합니다. '이무망혜', '바랄 망'(望)은 '첨망'(瞻望)으로 우러러보는 것인데, 여기서는 좋게 보지 않는 겁니다.

「모시서」에서는 진나라 유공(幽公, 재위 : 기원전 854~832)이 여색에 빠져 국정이 혼란한 것을 풍자했다[刺幽公也, 淫荒昏亂, 游蕩無度焉]고 했는데, 『사기』「세가」에는 별 내용이 없습니다. 유공은 호공 이후 6번째 제후이고 사후에 아들 희공(僖公, 재위 : 기원전 831~796)이 즉위했다는 기록만 있으니까요. 그래서일까요? 주자는 호공의 부인 태희의 영향으로 봅니다. 무격을 동반한 제사와 유흥을 즐기는 풍속이 이어졌다고….

② 坎其擊鼓 宛丘之下 無冬無夏 値其鷺羽

'감기격고 완구지하'(坎其擊鼓 宛丘之下)에서 '구덩이 감'(坎)은 여기서는 의성어로 북을 치는 소리[擊鼓聲]입니다. 굿과 유흥에는 센 음악이 있어야지요. '칠 격'(擊), '북 고'(鼓)입니다. 갑자기 「패풍」의 <격고>(擊鼓)가 생각나는군요. 전쟁터에서 아내를 그리워하는 병사의 애절한 노래였지요(『시경 강의』 2, 59~67쪽). 우리의 『시경』 공부는 복습이 필수입니다. 기회가 될 때마다 앞의 작품들을 한 번씩 읽고 가겠습니다.

'무동무하 치기로우'(無冬無夏 値其鷺羽). 유흥은 계절을 가리지 않지요. 무더운 여름, 추운 겨울, 사철 노세 노세~.

주자는 '수시로 놀러 나와 완구에서 북 치고 노래하지 않음이 없다'[言無時不出遊而鼓舞於是也]고 하면서, 나라 걱정을 합니다. '치기로우'에서 '값 치'(値)는 여기서는 어떤 물건을 쥐고 있는 것[持·植]입니다. 춤추는 사람이 백로 깃털로 만든 일산(日傘)을 잡고 흔드는 것이지요. 그 모습이 눈에 선합니다. '노우'는 '백로 로'(鷺), '날개 우'(羽)로 백로 깃털로 만든 일산이거든요. 부채라고 생각해도 됩니다.

③ 坎其擊缶 宛丘之道 無冬無夏 值其鷺翿

'감기격부 완구지도'(坎其擊缶 宛丘之道). 북이 '부'(缶)로 바뀌었군요. 이 글자는 '장군 부'(缶)인데, 여기서는 악기 이름으로 질장구를 말합니다. 질장구는 진흙을 구워 만든 타악기[瓦器, 可以節樂]입니다. 화로 모양이지요. 대나무로 변죽을 울려 소리를 내는데, 리듬을 맞추지요. 북소리와 다르지만 '둥둥둥'이라고 풀었습니다. 저는 질장구와 비슷한 싱잉볼(singing-bowl) 소리를 들으면서 북과 질장구가 어울릴까? 이런 생각을 해봅니다.

　'무동무하 치기로도'(無冬無夏 值其鷺翿). 이번에는 '로도'(鷺翿)를 들고 춤을 추는군요. '도'(翿)는 '깃일산 도'입니다.

역시 큰 부채를 들고 춤추고 있군요. 「진풍」에는 〈완구〉, 〈동문지분〉 같은 유흥의 노래와 〈횡문〉, 〈묘문〉 같은 나라를 걱정하고 가난한 은자의 즐거움을 노래한 작품이 섞여 있습니다. 이에 따라 우리 마음도 개었다 흐렸다를 반복할 수밖에 없지요.

2. 동문지분東門之枌

東門之枌 宛丘之栩 _{동 문 지 분 완 구 지 허}	동문에는 흰 느릅나무, 완구에는 도토리나무.
子仲之子 婆娑其下 _{자 중 지 자 파 사 기 하}	자중 집안의 딸, 그 아래에서 너울너울.
穀旦于差 南方之原 _{곡 단 우 차 남 방 지 원}	좋은 날을 택하여 남방의 언덕에 모이네.
不績其麻 市也婆娑 _{부 적 기 마 시 야 파 사}	길쌈하지 않고 저자에서 너울너울.
穀旦于逝 越以鬷邁 _{곡 단 우 서 월 이 종 매}	좋은 날에 놀러 가니, 많은 사람이 다니네.
視爾如荍 貽我握椒 _{시 이 여 교 이 아 악 초}	꽃과 같은 그녀, 나에게 한 줌의 향초를 주네.

　　『한서』「지리지」에서는 〈완구〉 2장과 〈동문지분〉 1장을 예시로 들면서 진의 '무풍'(巫風)을 말했지요. 하지만 주자는 다릅니다. '무풍'보다는 '남녀가 만나서 노래하고

춤추면서 그 일을 읊어서 서로 즐거워한 것'[此, 男女聚會歌舞, 而賦其事以相樂也]으로 보니까요. 노래를 지어 함께 부르면 더욱 흥취가 나겠지요.

① 東門之枌 宛丘之栩 子仲之子 婆娑其下

'동문지분 완구지허'(東門之枌 宛丘之栩). <동문지분>의 무대도 '완구'군요. '국풍'의 작품들을 '민간 가요'라고 하지만 노래가 불린 지역은 대도시입니다. 대도시의 유행가이지요. '분'(枌)은 느릅나무인데 껍질이 희어서 '백유'(白楡)라고도 합니다. '허'(栩)는 상수리나무고요. 지금도 도로 주변에 키 큰 나무들을 심지요. 완구도 그랬던 모양입니다. 길이 넓어 탁 트였고 나무가 늘어서 있는 곳, 우리 모두 이런 가로수 길을 좋아합니다. 청춘남녀의 약속 장소이기도 하고요.

 '자중지자 파사기하'(子仲之子 婆娑其下). '자중씨 집안의 딸'[子仲氏之女]이 놀러 나왔군요. '아들 자'(子)는 여기서는 '딸'입니다. '자'는 흔히 '아들 자'라고 새기지만, 맥락에 따라 '딸', '그대'도 됩니다. '자중지자'는 '자중 집안의 딸이여!'라는 뜻이에요. '자중'은 진나라의 대부(大夫)로, 누구나 알 정도의 귀족이겠지요.

‘파사기하’는 귀족 집안의 딸이 나무 아래에서 춤을 추는 모습입니다. ‘할미 파’(婆), ‘춤출 사’(娑)로 ‘파사’는 춤추는 모양입니다. 의태어이지요. 빙빙 돌면서 너울너울, 춤 솜씨를 뽐내고 있군요. 긴 옷소매, 우아한 춤 동작, 시선이 집중될 수밖에 없겠지요.

나이 든 여자를 가리키는 단어로 ‘노파’(老婆), ‘노온’(老媼)이 있는데 근래에는 잘 쓰지 않지요. 저의 경우 국가공인 노인이 된 이후 비탈길을 힘들게 오를 때면, “어느덧 60대 후반, 노파가 되고 말았구나, 이렇게 숨찬 것도 당연하지!”, 혼자 중얼거리곤 한답니다. ‘파사’를 보면서 한자가 익숙한데, 하시는 분들 계실 겁니다. 불교에서 번뇌로 가득한 ‘속세’를 ‘사바세계’(娑婆世界)라고 하지요. 산스크리트어 ‘사하’(sahā)를 ‘사바’로 음차한 것인데, ‘사파’가 ‘사바’가 되었습니다. 불경을 읽다 보면 이렇게 산스크리트어를 음차(音借)한 것과 의미를 풀어 쓴 훈차(訓借)가 섞여 있어서 혼란스럽지요. ‘사바’를 훈차한 단어로는 감인(堪忍), 능인(能忍), 인계(忍界), 인토(忍土) 등이 있답니다.

. 다시 〈동문지분〉으로 돌아갑시다.

② 穀旦于差 南方之原 不績其麻 市也婆娑

'곡단우차 남방지원'(穀旦于差 南方之原)의 '곡식 곡'(穀)은 여기서는 '선'(善)입니다. '단'(旦)은 '해 돋을 무렵'이니 '곡단'은 '좋은 아침'이군요. 이른 아침 눈을 뜨고는, '아! 놀기 좋은 날'이라 하는군요. '어긋날 차'(差)는 '선택하다[擇]입니다. 아침 해가 화창하고 구름과 비바람이 없다면, 놀기에 최상의 날이지요. 작중 화자는 그런 날을 택한 것입니다. 그리고 '남방지원', 남쪽 언덕에 모이는군요. 마음이 통하는 사람들끼리 약속이나 한 듯이. 아무래도 늘 모여 놀던 그룹이 있었겠지요. '들 원'(原)은 약간 높은 '언덕'입니다.

아침부터 모여 노는군요. 지금의 우리와는 다르지요. 우리는 저녁 무렵 만나서 밤늦게까지, 흥취가 오르면 밤새워 놀기도 하지요. 하지만 농경사회의 생활 리듬은 달랐습니다. 전쟁, 사냥도 이른 새벽에, 모여 노는 것도 아침부터…. 30여 년 전만 해도 부모님, 일가 어른 생신날에는 아침밥을 같이 먹었답니다. 어느 집이나 다. 저 역시 고모 생신날에 부부 동반으로 시흥 고모 댁에서 아침을 먹고 서둘러 출근했던 기억이 있습니다. 지금은 생각도 할 수 없는 일이지요. 저녁 가족 모임도 수십 번 문자가 오가야 겨우 잡을 수 있으니까요.

'부적기마 시야파사'(不績其麻 市也婆娑). '길쌈할 적'(績),
'삼 마'(麻)이니, '부적기마'는 놀기 좋은 날, 이 여인이 길쌈을
접었다는 말입니다. '시야파사', 이번에는 저자[市]에서 남녀
가 모여 너울너울 춤을 춥니다. 생업(生業)인 길쌈은 까마득
히 잊고.

③ 穀旦于逝 越以鬷邁 視爾如荍 貽我握椒

'곡단우서 월이종매'(穀旦于逝 越以鬷邁). 어려운 한자 '가마
솥 종'(鬷) 자가 보이네요. 우선 '곡단', 좋은 날 아침에, '갈
서'(逝), 놀러 나가는군요. 유흥에 진심입니다. '월이종매'의
'넘을 월'(越)은 '이에'[於是]로 상황의 연속을 말합니다. '종'은
여기서는 '많은 사람'[衆]이고, '갈 매'(邁)이니, '종매'는 이른
아침, 많은 사람이 놀러 가는 겁니다. 어디로 가는 걸까요?
나무가 우거진 넓은 도로, 시장, 강가, 모두 놀기에 적합한
곳이지요. 축제 기간일까요? 완구 사람들은 수시로 이렇게
노는 걸까요? 이럴 때야말로 남녀의 연애 시간이기도 합니
다.

'시이여교 이아악초'(視爾如荍 貽我握椒). 그렇습니다. 남

녀가 서로 마음이 있다고 '상열'(相悅), '모열'(慕悅)의 말을 주고받는군요. 전근대 사회에서 남녀의 연애에는 '밀당'이 없습니다. 이도령과 춘향이는 밀당하지 않습니다. 단옷날 광한루에서 만나고 바로 그날 저녁 이도령은 춘향이 집으로 직행하지요. 길게 연애 휴지기를 갖는 제자들에게 이유를 물어보면 대부분 밀당 과정의 감정 소모가 힘들다고 하더군요. 저러다가 연애 DNA가 소멸하면 어쩌나, 30대 중반을 넘긴 제자들을 보면서 걱정합니다.

'시이여교'에서 '당아욱 교'(薤)는 메밀꽃입니다. 우리나라에서 메밀꽃이 필 무렵은 9월 중순인데, 그때에 맞추어 강원도 봉평 일대에서 이효석 문화제가 열리지요. 지금 작중 화자는 남자입니다. 많은 사람 중에 유독 한 여인이 메밀꽃처럼 눈에 확 들어왔군요. 그녀[爾]를 꽃 보듯이 쳐다보니, 그녀도 자연스럽게 호응합니다. '이아악초', '줄 이'(貽)로 나에게 '악초'를 선물하는군요. '악'(握)은 손아귀 혹은 한 줌이고, '산초나무 초'(椒)이니, 나에게 '한 줌의 산초 열매'를 주었군요. '향기 나는 물건'[芬芳之物]을 건네주어 나도 같은 마음이란 뜻을 전한 것이지요. 연애에 빠진 남녀는 언제나 아름답지요. 시 속에서도 지하철에서도.

3. 횡문衡門

衡門之下 可以棲遲
횡 문 지 하 가 이 서 지

횡문 아래에서도,
마음 편하게 쉴 수 있도다.

泌之洋洋 可以樂飢
비 지 양 양 가 이 락 기

졸졸졸 흐르는 샘물,
배고픔을 즐길 수 있네.

豈其食魚 必河之魴
기 기 식 어 필 하 지 방

어찌 고기가
반드시 황하의 방어라야 하리오.

豈其取妻 必齊之姜
기 기 취 처 필 제 지 강

어찌 아내가
반드시 제나라 강씨라야 하리오.

豈其食魚 必河之鯉
기 기 식 어 필 하 지 리

어찌 고기가
반드시 황하의 잉어라야 하리오.

豈其取妻 必宋之子
기 기 취 처 필 송 지 자

어찌 아내가
반드시 송나라 자씨라야 하리오.

〈횡문〉입니다. '횡문'은 제대로 대문을 달 형편
이 못 되어 나무를 가로로 눕혀 만든 문[橫木爲門]입니다. 문이 이러니 집도 협소하고 누추하겠지요. '횡문'은 바로 '가난한 집, 옹색한 살림살이'를 말하는데, 이 시에서 연유했답니다. '저울대 형'(衡)은 '가로 횡'(橫)의 뜻이고 음도 '횡'입니다. '횡문'에 대한 주자 주가 눈에 띄는군요. "격식을 갖춘 문은 기둥과 작은 방, 마루와 지붕이 있는데, 횡문은 단지 나무를 가로로 눕혀 만든 것이다"[門之深者, 有阿塾堂宇, 此惟衡木爲之]. 중국 역사드라마를 보면 망루까지 갖춘 한 채의 단독 건물과 같은 거대한 문이 있지요. 문 좌우에 방[塾]이 있고, 올라가서 서거나 앉을 수 있는 마루와 높은 지붕도 있지요. 그런데 '횡문'은 나무를 가로질러 놓아 여기가 '문'이란 표시를 한 것이니 참으로 초라합니다.

① 衡門之下 可以棲遲 泌之洋洋 可以樂飢.

'횡문지하 가이서지'(衡門之下 可以棲遲). '깃들일 서'(棲), '늦을 지'(遲) 자인데요, '서지'는 '놀고 쉬는 것'[遊息]입니다. 횡문을 단 초라한 집이지만 마음 편하게 쉬고 즐길 수 있다네요. 네, 그렇습니다. '안빈낙도'(安貧樂道)이지요.

'비지양양 가이락기'(泌之洋洋 可以樂飢). '비'(泌)는 샘물이 흐르는 모양인데요. 여기서는 샘물[泉水]입니다. '바다양'(洋)은 '양양'이 되면 형용사로 물이 흐르는 모양[水流貌]이지요. 흐르는 샘물로 배고픔을 즐길 수 있다네요. 가능할까요? 점심시간에 배고픔을 견디기 위해 수도물을 마셨다는 말을 들었지만, 즐기기까지야⋯. '도를 즐겨 굶주림을 잊는다'[樂道忘飢]는 뜻이지만 본인은 그렇다고 해도 가족은 어쩐답니까?

유향의 『열녀전』「초노래처」(楚老萊妻), '초나라 노래자의 아내 이야기'에는 이 구절이 '비지양양, 가이료기'(泌之洋洋, 可以療饑)로 나옵니다. '즐길 락'(樂)이 '병고칠 료'(療)로 '굶주릴 기'(飢)가 '주릴 기'(饑)로 되어 있군요. '료기'(療饑)는 '허기를 면한다'는 뜻인데, 주자는 택하지 않았습니다. 하긴 '굶주림을 즐기다'가 훨씬 강렬하지요.

노래자와 아내의 이야기를 간략히 언급하고 가겠습니다. 『사기』 권63「노자한비열전」에 의하면 노래자(老萊子)는 공자와 동시대를 살았던 초나라 은자로 15편의 저서를 남겼다고 합니다. 사마천은 노래자가 노자일지도 모른다고 생각했지요. 네, 그렇습니다. 나이 70이 넘어서도 알록달록 색동옷[五彩斑爛之衣]을 입고 부모님 앞에서 재롱을 피웠다는 '노래반의'(老萊斑衣), '희채오친'(戲彩娛親)의 고사를 남긴 사람도 노래자입니다. 황보밀(皇甫謐, 215~282)의 『고사전』(高士傳)

에 나오는 이야기인데, 후대에 노래자는 부모님을 즐겁게 해드리기 위해 일부러 어리광을 부리는 효자의 전형이 되었지요. 저도 색동저고리를 입은 적이 있습니다. 오래전 친정 아버님 회갑에 어머니께서 세 딸이 반회장 색동저고리를 입었으면 하셨습니다. '왜 그런 옷을 입느냐'는 동생들의 반발이 있었지만 '그냥 입어라, 큰언니도 입는다', 한마디로 진압했습니다^^. 물론 노래자 이야기는 하지 않았지요.

『열녀전』에는 노래자의 아내가 나옵니다. 부부가 산속에서 은거 생활 중에 노래자가 초나라 왕의 고위직 제안을 수락했다고 합니다. 마침 삼태기를 이고 땔감을 안고 돌아온 아내는 짐을 버리고 바로 가출합니다. 노래자가 잘못했다고 빌어도 돌아보지도 않고 가더니 강남에 이르러 한마디 합니다. "새나 짐승의 빠진 털만 모아도 옷을 짜서 입을 수 있고, 떨어뜨린 곡식 이삭만 주워서도 먹고 살 수 있다"[鳥獸之解毛, 可績而衣之. 据其遺粒, 足以食也]. 왕이 주는 관직과 봉록을 받으면서 굽실굽실 비루하게 살 필요가 없다는 것이지요. 〈횡문〉의 화자보다 더 막강합니다.

주자의 해석을 볼까요?

이것은 은거하면서 스스로 즐거워하여 다른 것을 구함이

없는 자의 말이다. 횡문이 비록 협소하고 초라하나 또한 놀고 쉴 수 있다. 샘물을 마시는 것이 비록 배가 부를 수는 없으나 또한 도를 즐기고 굶주림을 잊을 수 있다는 것을 말한 것이다.

此, 隱居自樂而無求者之詞. 言衡門雖淺陋,
차　은거자락이무구자지사　언횡문수천루
然亦可以遊息, 泌水雖不可飽, 然亦可以玩樂而忘飢也.
연역가이유식　비수수불가포　연역가이완락이망기야

역시 주자는 '락기'(樂飢)를 '도를 즐기느라 굶주림을 잊은 것'으로 보는군요. 『시경』에는 가난한 지식인, 불우한 은자들이 나옵니다. 「패풍」 〈간혜〉의 화자는 먹고살기 위해 '영관'(伶官)이 되어 노래하고 춤을 추지요. 「위풍」 〈고반〉에는 움집에서 혼자 자고 노래하는 '석인'(碩人)이 나옵니다(『시경 강의』 2, 139, 309쪽). 자조, 냉소로 가득 찬.

지식인[士]은 권력자에게 인정받고 벼슬을 해야 생계를 유지할 수 있는데, 기회가 많지 않았지요. 『논어』의 주제 중의 하나가 '아무리 유능해도 가난하게 살 수밖에 없을 때, 어떻게 의연한 태도를 유지할 수 있느냐'이지요. 빈천(貧賤)을 견디는 강인한 정신력! 공자님은 군자와 소인 여부가 판가름 나는 지점이라고 하셨지만, 제자들 사이에도 편차가 컸습니다. 공자의 가난한 제자와 부자 제자들 이야기는 기회를 봐서 말씀드리겠습니다.

〈횡문〉 1장은 워낙 유명한지라, 공자와 제자 자하의 에피소드 하나를 말씀드리고 가겠습니다. 『한시외전』에 나옵니다. 자하(子夏)가 독시(讀詩)를 마치자 공자가 묻습니다. "너는 시에서 중요한 것이 무엇이라고 생각하느냐?"고. 자하는 이렇게 대답합니다.

○ '시'는 나랏일을 할 때는 밝디밝은 것이 일월의 광명과 같고 명료하게 빛나는 것이 별들이 섞여 움직이는 것과 같습니다. 위로는 요순의 도가 있고, 아래로는 삼왕의 의가 있으니 저는 이를 잊을 수 없습니다.

○ 비록 쑥대로 지게문을 단 초라한 집에 살게 되더라도 거문고를 타면서 선왕의 풍모를 노래할 것이니 옆에 사람이 있어도 즐겁고 아무도 없어도 즐거울 수 있어서 발분망식할 수 있을 것 같습니다.

子夏對曰："詩之於事也, 昭昭乎若日月之光明,
자 하 대 왈　　시 지 어 사 야　소 소 호 약 일 월 지 광 명
燎燎乎如星辰之錯行, 上有堯舜之道, 下有三王之義,
료 료 호 여 성 진 지 착 행　상 유 요 순 지 도　하 유 삼 왕 지 의
弟子不敢忘. 雖居蓬戶之中, 彈琴以詠先王之風,
제 자 불 감 망　수 거 봉 호 지 중　탄 금 이 영 선 왕 지 풍
有人亦樂之, 無人亦樂之, 亦可發憤忘食矣.
유 인 역 락 지　무 인 역 락 지　역 가 발 분 망 식 의
『詩』曰：'衡門之下, 可以棲遲；泌之洋洋, 可以樂饑.'"
시　왈　　횡 문 지 하　가 이 서 지　필 지 양 양　가 이 락 기

그리고 〈횡문〉 1장을 외웁니다. '발분망식'은 공부에 집중하여 밥 먹는 것도 잊는 것이지요. 공자님 같은 공부의 달인이나 가능한 일인 줄 알았는데, 자하도 가능하다네요. 아무리 불우한 처지에 빠지고 홀로 남게 되더라도 그렇게 할수 있다니. 시의 놀라운 효능인가요? 공자님은 우선 자하가시에 대해 함께 말할 수 있는 수준이 되었다고 칭찬하십니다. 하지만 바로 안색을 바꾸며 너는 '시'의 표면(表面)을 보았을 뿐, 이면(裏面)을 보지 못했다고 하십니다. '횡문지리'(衡門之裏)입니다.

당황한 자하는 아무 말도 할 수 없었습니다. 웬 '이면'? 이때 어김없이 안연이 등장해서 질문합니다. "이미 표면을 모두 보았다면, 그 이면에는 또 무엇이 있나요?" 얄밉지요. 공자의 대답을 볼까요?

공자가 대답하였다.

그 문을 엿보기만 하고 집 안으로 들어가지 않으면 어찌 깊게 감추어진 곳을 알 수 있겠느냐? 그리고 감추어진 곳을 아는 것은 어려운 일이 아니다. 내가 일찍이 마음과 뜻을 다해 그 안으로 들어가 본 적이 있다. 앞에는 높은 언덕이, 뒤에는 깊은 계곡이 있더구나. 맑은 물소리 들리는 그곳에

오래 서 있었단다. 그 이면을 볼 수 없으면 '시'의 정미함에
대해 말할 수 없단다.

孔子曰 : "闖其門, 不入其中, 安知其奧藏之所在乎!
공자왈　규기문　불입기중　안지기오장지소재호
然藏又非難也. 丘嘗悉心盡志, 已入其中, 前有高岸,
연장우비난야　구상실심진지　이입기중　전유고안
後有深谷, 冷冷然如此既立而已矣, 不能見其裏,
후유심곡　랭랭연여차기립이이의　불능견기리
未謂精微者也."
미위정미자야

'시'를 어떻게 읽어야 하는가? 시 공부법에 대한 가르침
이군요. 아쉽지만 지금 우리의 시 공부는 문 앞에 서서 '기
웃거리기' 단계입니다. 글자, 구절, 장의 뜻을 풀고 있으니까
요. 다음 단계로 시 안으로 깊이 들어가 정취를 느끼고 정미
한 뜻을 체득해야겠지요. 모든 공부는 단계적으로, 표면에
서 이면으로!

② 豈其食魚 必河之魴 豈其取妻 必齊之姜

'기기식어 필하지방'(豈其食魚 必河之魴)을 볼까요? 〈횡문〉의
2, 3장은 거의 같지요. 생선요리를 먹을 때 황하의 방어만을
고집할 필요가 있겠느냐고 하네요. 방어는 고급 생선이지
요. 청나라 학자 서정(徐鼎)이 저술한 『모시명물도설』(毛詩名

物圖說, 1771)에 의하면 방어는 하남성 일대의 강에서 잡히는 맛이 좋은 물고기입니다. 두텁고 납작하게 생겼다고 해서 저는 가자미 비슷하구나 생각합니다.

'기기취처 필제지강'(豈其取妻 必齊之姜)에서 '취할 취'(取)는 '장가들 취'(娶)와 같습니다. '강'은 제나라 제후의 성이지요. 장강, 선강, 문강, 애강, 모두 제나라 제후의 딸들로 위나라, 노나라 제후의 부인이 된 여인들입니다. 아내를 얻을 때 제나라 강씨 여인만을 기필할 수 있겠느냐? 1장에서 '횡문지하'의 자족(自足)을 말하더니 2장에서는 왜 방어, 강씨 여인을 말하는 걸까요? 작중 화자는 횡문에서 굶주리고 있는 처지인데…. 저는 안분자족(安分自足)으로 봅니다. 삶에서 최소한의 것으로 만족하고 그 외의 다른 것을 추구하지 않는 태도이지요. 방어와 강씨 아내를 원한다면 수단 방법 가리지 않고 출세해야 하는데…. 나는 그런 삶을 택하지 않겠노라는 다짐입니다.

③ 豈其食魚 必河之鯉 豈其取妻 必宋之子

'기기식어 필하지리'(豈其食魚 必河之鯉)는 2장과 비슷합니다. 이번에는 '잉어 리'(鯉)이군요. 공자 아들의 이름이 '리'이고 자는 '백어'(伯魚)인데요, 공자가 아들 이름을 왜 '리'로 지었을까? 『공자가어』 권9 「본성해」(本姓解)에 나옵니다. 읽고 갈까요?

공자는 열아홉 살에 송나라 출신 병관씨에게 장가들었다. 백어를 낳았다. 백어가 태어났을 때 노 소공이 잉어를 공자에게 내렸으니 군주의 하사품을 영광으로 여겨 아들 이름을 '리'라고 짓고 자를 '백어'라고 하였다. 백어는 오십 세에 공자보다 먼저 죽었다.

至十九, 娶于宋之上官氏. 生伯魚. 魚之生也,
지 십 구 취 우 송 지 상 관 씨 생 백 어 어 지 생 야
魯昭公以鯉魚賜孔子, 榮君之貺. 故因以名鯉,
노 소 공 이 리 어 사 공 자 영 군 지 황 고 인 이 명 리
而字伯魚. 魚年五十, 先孔子卒.
이 자 백 어 어 년 오 십 선 공 자 졸

가전(家傳)일 뿐, 노 소공(재위 : 기원전 541~510)이 스무 살의 하급 관리 공자에게 잉어를 보냈다는 근거 자료는 없습니다. 그때 공자는 계손씨 집안의 '위리'(委吏 : 창고지기)로 있었는데, 군주가 득남 선물을? 때마침 제후가 하급 관리를 포함한 모든 관리에게 선물을 보냈으면 몰라도. 잉어가 임산부 보양식 목록에 들어가 있어서 이런 이야기가 전해진 것이겠지요.

'기기취처 필송지자'(豈其取妻 必宋之子)에서 '자'(子)는 송나라 제후의 성씨입니다. 역시 귀족 집안의 여인이지요. 19세기 학자 심대윤(沈大允)은 『시경집전변정』(詩經集傳辨正)에서 〈횡문〉에 등장하는 음식과 여인에 대해 이렇게 말합니다. 인간의 욕망 중에 가장 큰 것이 음식과 여색이다. 군자의 '극기'(克己)는 여기에서 시작한다고. '극기'하지 않으면 가난한 일상의 삶에 자족할 수 없겠지요.

4. 동문지지 東門之池

東門之池 可以漚麻 _{동 문 지 지 가 이 구 마}	동문의 못, 삼을 담글 만하네.
彼美淑姬 可與晤歌 _{피 미 숙 희 가 여 오 가}	아름다운 숙희여! 같이 노래할 만하네.
東門之池 可以漚紵 _{동 문 지 지 가 이 구 저}	동문의 못, 모시를 담글 만하네.
彼美淑姬 可與晤語 _{피 미 숙 희 가 여 오 어}	아름다운 숙희여! 같이 말할 만하네.
東門之池 可以漚菅 _{동 문 지 지 가 이 구 관}	동문의 못, 왕골을 담글 만하네.
彼美淑姬 可與晤言 _{피 미 숙 희 가 여 오 언}	아름다운 숙희여! 같이 약속할 만하네.

〈동문지지〉 3장 4구는 단순한 구조이군요.
A-A′-A″로 한두 글자만 바뀝니다. 〈동문지분〉의 '동문'은
남녀가 모여 너울너울 춤을 추는 곳이지요. 주자는 〈동문지

지>도 남녀가 나누는 대화라고 봅니다.

> 이 또한 남녀가 만나서 나누는 말이다. 만난 장소에서 보
> 이는 물건으로 인하여 흥을 일으킨 것이다.
> 此亦男女會遇之詞, 蓋因其會遇之地, 所見之物,
> 차 역 남 녀 회 우 지 사　개 인 기 회 우 지 지　소 견 지 물
> 以起興也.
> 이 기 흥 야

네, 그렇습니다. 지금 '동문'에 모인 남녀는 놀러 나온 겁
니다. 그곳에는 못에 삼, 모시, 왕골을 담가 부드럽게 만드는
일을 하는 여인들도 있지요. 하지만 작중 화자들은 그 모습
을 바라볼 뿐, 연애에 몰두합니다. '흥'이니까요. 「위풍」, 「정
풍」이었다면 '음분자'(淫奔者)라 했을 텐데, 「제풍」, 「진풍」의
남녀 관계에는 너그러우시네요.

① 東門之池 可以漚麻 彼美淑姬 可與晤歌

'동문지지 가이구마'(東門之池 可以漚麻)에서 '동문지지'는 동
문에 있는 연못이죠. '가이구마'에서 '담글 구'(漚) 자를 볼까
요? '담글 지'(漬)의 뜻입니다. 삼으로 실을 만드는 것을 '삼을
삼다'라고 하지요. 삼이나 모시풀에서 실을 뽑아내려면 여

러 공정을 거쳐야 하는데요. 먼저 찐 삼을 껍질을 벗겨서 햇볕에 말린 후 물에 담가 놓아야 한답니다[治麻者, 必先以水漬之]. 그래야 부드러워지니까요.

'피미숙희 가여오가'(彼美淑姬 可與晤歌). 그곳에서[彼] 아름다운[美] '숙희'(淑姬)를 만났군요. 여기서 '숙희'는 노동하는 여인이 아니라 놀러 나온 귀족 여인입니다. 물론 못에서 삼을 물에 우리고 있는 여인으로 보셔도 됩니다. 그러면 이 시는 '흥'이 아니라 '부'(賦)가 되겠지요. '가여오가'의 '밝을 오'(晤)에는 '만나다'[遇]의 뜻이 있습니다. 그곳에서 남녀가 우연히 해후(邂逅)한 것이지요. 같이 노래하는군요. 역시 '동문'은 청춘 남녀에게 인기 있는 곳입니다.

② 東門之池 可以漚紵 彼美淑姬 可與晤語

'동문지지 가이구저'(東門之池 可以漚紵). 이번에는 '모시 저'(紵)입니다. 삼베(대마)는 매년 파종해야 하지만 모시는 쐐기풀과에 속하는 여러해살이풀이지요.『모시명물도설』에서는 한 그루에 수십 줄기가 나오는데 껍질을 벗길 때는 먼저 물에 담가 부드럽고[柔] 질기게[靭] 만든다고 하네요. 여름에 삼베, 모시옷을 입고 외출하신 어르신들을 뵈면 옷맵시가 대단하지요.

지금이야 청도 삼베마을, 한산 모시축제에 가야 길쌈을 체험할 수 있지만, 한 세대 전만 해도 집집마다 길쌈하는 여인네들이 있었지요. 도대체 몇 살부터 길쌈을 하기 시작했을까요? 한나라 악부시 「공작동남비」(孔雀東南飛)를 보면 "열세 살에 베틀에 앉았다"[十三能織素]라는 구절이 나옵니다. 그 나이가 되어야 베틀에 발이 닿았다고 합니다. 길쌈 실력이 좋은 여인은 웬만한 집 살림살이를 거뜬히 감당했지요. 밥도 베틀에 앉아서 먹으면서 자식 뒷바라지를 했다는 모시 짜는 할머니의 말씀에 울컥하기도 합니다.

'피미숙희 가여오어'(彼美淑姬 可與晤語). 2장에서는 남녀가 만나 말을 나누는군요. 모시풀의 경우, 부드러운 잎으로 모시떡도 해 먹는데, 고대에는 어땠는지 알 수 없군요.

③ 東門之池 可以漚菅 彼美淑姬 可與晤言

'동문지지 가이구관'(東門之池 可以漚菅)에서는 '골풀 관'(菅) 자를 봐 주세요. 잎이 띠 풀과 비슷한데 매끈하고 윤택이 있습니다. 부드럽고 질겨서 새끼줄을 만들기에 적당하지요[葉似茅而滑澤, 莖有白粉, 柔靭宜爲索也]. 골풀은 백화(白華)라고도

하는데 바로 왕골입니다. 강화 화문석(花紋席)이 왕골로 만든 돗자리이지요. 지금은 화문석도 강화 화문석 문화관에 가야 볼 수 있게 되었네요. 에어컨이 없던 시절, 마루에 화문석 깔아 놓고 동생들과 둘러앉아 수박화채 먹었던 기억이 있습니다. 새 화문석이 반짝반짝 광택이 났답니다. 친정 어머님이 계를 하셔서 마련한 화문석이었지요. 70년대 초반만 해도 주부들이 알뜰살뜰 반찬값을 아껴 가며 꾸렸던 다양한 살림살이 계가 있었답니다. 교자상 계, 자개장 계, 병풍 계 등등. 지금은 교자상, 자개장, 병풍, 모두 보기 힘든 살림살이가 되었지요.

'피미숙희 가여오언'(彼美淑姬 可與晤言)에서는 2장의 '어'(語)가 '언'(言)으로 바뀌었군요. 두 단어 모두 '말하다'이지만 '언'에는 '약속하다'라는 뜻이 있답니다. 동문에서 남녀가 만나 노래하고 대화하고 후일을 기약하는군요.

5. 동문지양東門之楊

東門之楊 其葉牂牂 _{동 문 지 양 기 엽 장 장}	동문의 버드나무, 그 잎이 무성하구나!
昏以爲期 明星煌煌 _{혼 이 위 기 명 성 황 황}	해질 무렵 약속했는데, 샛별이 빛나네.
東門之楊 其葉肺肺 _{동 문 지 양 기 엽 패 패}	동문의 버드나무, 그 잎이 무성하구나!
昏以爲期 明星晢晢 _{혼 이 위 기 명 성 석 석}	해질 무렵 약속했는데, 샛별만 밝네.

　　　　2장 4구로 된 〈동문지양〉입니다. A-A´의 단순
한 구조네요. 하지만 작중 화자의 마음은 처량하고 복잡합
니다. 사랑의 아픔이지요.

① 東門之楊 其葉牂牂 昏以爲期 明星煌煌

'동문지양 기엽장장'(東門之楊 其葉牂牂)에서 '동문'은 남녀가

서로 만나기로 한 약속 장소로 버드나무가 무성하군요. 〈동문지분〉에서는 느릅나무와 상수리나무가 나왔지요. '기엽장장'의 '장'(牂)은 암컷 양을 뜻하는 글자인데, 여기서 '장장'은 '나뭇잎이 무성한 모양'[盛貌]입니다. 길게 이어진 숲길, 가로수 길, 연인들이 좋아하는 만남 장소이지요.

'혼이위기 명성황황'(昏以爲期 明星煌煌). '어두울 혼'(昏), '만날 기'(期)이니 해질 무렵, 만날 약속이 되어 있었군요. '명성황황', 그런데 왜 '명성'이 나오나요? '명성'은 '계명성'(啓明星)으로 '모닝스타'(morning star), 금성(金星)이지요. 빛날 황(煌)으로 '황황'은 '크게 밝은 모양'[大明貌]입니다. 오지 않는 연인을 밤새 동문에서 기다렸군요.

주자는 실의한 사람이 '보이는 것으로 인하여 흥을 일으킨 것'[因其所見以起興也]이라 하였지만 작중 화자의 마음을 그대로 읊은 부(賦)라고 보셔도 좋습니다. 오지 않는 사람에 대한 그리움과 원망으로 계명성은 더 밝고 또렷하게 보였겠지요. 야속한 마음같이.

② 東門之楊 其葉肺肺 昏以爲期 明星晢晢

'동문지양 기엽패패'(東門之楊 其葉肺肺)에서 '허파 폐'(肺)가 겹친 것은 '꽤꽤'로 읽고, 무성한 모양입니다. '혼이위기 명성석석'(昏以爲期 明星晳晳)에서 '밝을 석'(晳)은 '석석'이라고 하면 빛나는 모습이지요. 똑똑한 학생을 '명석'(明晳)하다고 했는데, 요즘은 잘 쓰지 않더군요. 그냥 '스마트하다'로 두루 통하게 된 건가요. 연인 사이의 약속, 지키지 못한 사정이 궁금하네요. 해질 무렵부터 새벽까지 오지 않는 연인을 기다리는 간절한 마음이 애절합니다.

6. 묘문墓門

墓門有棘 斧以斯之
묘 문 유 극　부 이 사 지

夫也不良 國人知之
부 야 불 량　국 인 지 지

知而不已 誰昔然矣
지 이 불 이　수 석 연 의

墓門有梅 有鴞萃之
묘 문 유 매　유 효 췌 지

夫也不良 歌以訊之
부 야 불 량　가 이 신 지

訊予不顧 顚倒思予
신 여 불 고　전 도 사 여

묘문에 가시나무,
도끼로 쳐내도다.

그 사람이 불량하거늘
국인이 알도다.

알아도 그만두지 않으니,
옛날부터 그랬다네.

묘문에 매화나무,
올빼미가 모여드네.

그 사람이 불량하거늘
노래로 알려 주네.

알려 주어도 돌아보지 않으니,
위급하면 생각하리.

　　2장 6구로 되어 있는 〈묘문〉입니다. '묘문'은
묘도(墓道)의 문이니 오가는 사람이 드물어 한적하겠지요.
주자는 '흉하고 궁벽한 곳으로 가시나무가 많이 자란다'[凶

僻之地, 多生荊棘]라고 했습니다. 아무래도 누군가를 풍자하는 시 같은데 주자는 "그 대상이 누군지는 알지 못하겠다"[所謂不良之人, 亦不知其何所指也]라고 하네요. 『모시정의』에서는 "진(陳) 문공(文公)의 아들 진타(陳佗)가 의롭지 못한 행동을 한 것을 비판했다"고 했는데, 이를 받아들이지 않은 것입니다. 그 이유를 밝히지는 않았는데요. 근거가 부족하다고 여긴 듯합니다. 진타에 관한 기록이 『춘추좌전』기원전 707년(노 환공 5년)에 있습니다.

[경] 오년 봄 정월 갑술일과 기축일에 진후 포가 죽었다.

[전] 경문의 "오년 봄 정월 갑술일과 기축일에 진후 포가 죽었다"는 기록은 부고를 두 번 했기 때문이다.

이때 진나라는 혼란스러워 문공의 아들 타가 환공의 아들이자 조카인 태자 문을 죽이고 자신이 태자가 되었다. 군주[환공]의 병이 심해지자 내란이 일어나 국인이 흩어졌다. 그래서 두 번 부고한 것이다.

[經] 五年, 春, 正月, 甲戌, 己丑, 陳侯鮑卒.
　　경　　오년　춘　정월　갑술　기축　진후포졸

[傳] 五年, 春, 正月, 甲戌, 己丑, 陳侯鮑卒, 再赴也.
　　전　　오년　춘　정월　갑술　기축　진후포졸　재부야

於是陳亂, 文公子佗殺太子免而代之. 公疾病而亂作,
어시진란　문공자타살태자면이대지　공질병이란작

國人分散, 故再赴.
국인분산　고재부

나라가 얼마나 혼란했으면 군주의 부고를 두 번 했을까요? 『춘추』에서 부고 날짜를 두 번 기록한 것은 진타에게 죄가 있다는 것을 밝힌 겁니다. 결국 진타(진 여공)는 다음 해에 죽임을 당하고 진 장공이 즉위합니다. 하지만 그 이후에도 진나라는 혼란에서 벗어나지 못하고 결국 여공의 아들 공자 완(完)이 제나라로 망명하지요(기원전 672). 공자 완은 겸손하고 유능한 인물로 제 환공의 후대를 받았습니다. 이때 성을 '진'(陳)에서 '전'(田)으로 바꾸었는데, 그의 후손 태공화(太公和)가 제의 제후가 됩니다(기원전 386년). 나라 이름을 바꾸지 않았기 때문에 『맹자』에 등장하는 제 선왕(宣王, 재위 : 기원전 319~301)은 '강'씨가 아니라 '전'씨입니다. 『사기』에도 「제태공세가」와 「전경중완세가」가 별도로 있지요.

① 墓門有棘 斧以斯之 夫也不良 國人知之
　　知而不已 誰昔然矣

'묘문유극'(墓門有棘), 묘지로 가는 문에 '극'(棘)이 있답니다. '극'은 가시나무이지요. 음침한 곳에서 형극(荊棘)이 많이 자란다네요. '부이사지'(斧以斯之), '도끼 부'(斧)입니다. 부근(斧斤)이라 할 때 큰 도끼[斧], 작은 도끼[斤]를 구별하는데, 여기서는 큰 도끼가 필요하군요. '이 사'(斯)는 주로 '이'라는 지시 대명사로 쓰이지요. 하지만 여기서는 '쪼갠다'는 뜻으로 '가를 석'(析)과 통용됩니다. 묘문을 덮고 있는 가시나무는 도끼가 있어야 쳐낼 수 있군요. 그만큼 무성한 것이지요. 여기서 다시 한번 확인하는 사실! 『시경』을 읽으면 한자의 다양한 용례를 익힐 수 있습니다.

'부야불량 국인지지'(夫也不良 國人知之)에서 '지아비 부'(夫)는 '저 사람'으로 '풍자의 대상'[指所刺之人]입니다. 주자가 누구인지 알 수 없다고 한…. '불량'이란 단어는 지금도 쓰지요. '국인'은 도성 안의 귀족, 자유민입니다. 도성 사람들이 그가 불량하다는 것을 모두 알고 있다면, 신뢰를 얻기 힘들겠지요. 『춘추좌전』에서 '국인'은 '전 국민'이 아니라 도성 안의 귀족층을 말합니다. 제후 일가와 오래된 집안, 대부들이지요. 맹자는 이런 집안들을 '세신'(世臣)이라 했지요. 그들의 여론에 따라 제후가 죽기도[國人殺之] 하고, 망명했던 제후가 돌아오기도 합니다[國人納之].

'지이불이 수석연의'(知而不已 誰昔然矣). '국인'이 그의 불량함, 죄악을 모두 아는데도[知] 멈추지 않는군요[不已]. '불이'를 '스스로 고치지 않다'[不自改]로 풉니다. 도대체 이 사람은 왜 이럴까요? '수'(誰)는 '누구 수'이지만 '옛날'이란 뜻도 있습니다. 그래서 '옛 석'(昔)과 같이 써서 '수석'은 '옛날'이 됩니다. 그 사람은 이전부터 그랬다고 하네요. 물론 자신의 잘못을 알고 고치는 것은 어렵지요. '과즉물탄개'(過則勿憚改)! 좌우명으로 삼을 만합니다. 반성도 성찰도 없는 사람을 만나면 답답하고 아득하지요. 나이 들어 가면서 그런 사람이 될까 봐 두렵기도 하고요.

② 墓門有梅 有鴞萃之 夫也不良 歌以訊之
   訊予不顧 顚倒思予

'묘문유매 유효췌지'(墓門有梅 有鴞萃之). 묘문에 매화나무[梅]가 있는데, 올빼미[鴞]가 모여 있군요[萃]. 사람들은 올빼미를 울음소리가 불길한 악조(惡鳥)라고 합니다. 「빈풍」의 〈치효〉(鴟鴞)에서는 다른 새의 새끼들을 잡아먹고 둥지를 부순다고 미워합니다. 심지어 부모를 잡아먹는 '불효조'(不孝鳥)라고도 하니, 올빼미 입장에서는 억울합니다. '효'(鴞) 자가 나오면 '부엉이', '올빼미' 중에 어느 것으로 풀어야 하나 망설이게 됩니다. 부엉이는 '휴류'(鵂鶹)라고도 합니다. 두 새는 생김새가 비슷한데 부엉이는 올빼미보다 눈이 크고 머리 꼭대기에 귀 모양 깃이 있다고 하네요. 두 새 모두 천연기념물로 귀한 새인데, 영, 선입견이 심하군요. '모일 췌'(萃)이니 매화나무에 모인 올빼미가 한두 마리가 아닙니다. 왜? 매실을 먹기 위해서입니다. 올빼미가 매실을 먹으면 그 모습과 낯빛을 변화시킬 수 있답니다. 하지만 울음소리를 바꿀 수는 없다네요. '그칠 지'(止)는 어조사로, 해석하지 않습니다.

'부야불량 가이신지'(夫也不良 歌以訊之)에서 '부야불량'은 앞과 같죠. '물을 신'(訊)이 들어간 말로 '신문'(訊問), '고신'(拷訊) 같은 단어가 있지요. 범죄자에게 죄를 캐어 묻는 것이 '신문'이고, '고신'은 고문하는 겁니다. 여기서는 '알릴 고'(告)이고 '간할 간'(諫)으로 불량한 사람에게 노래로 잘못을 알려 주는군요. 지금 읽고 있는 〈묘문〉이 이럴 때 부르는 노래겠지요. 옛날에 백성들은 '간언'을 노래로 했는데, 지금 시민들도 촛불을 들고 걷습니다.

'신여불고 전도사여'(訊予不顧 顚倒思予). 그 사람은 잘못을 고해도[訊] 나[予]를 쳐다보지 않는군요. '고'(顧)는 '돌아볼 고'이니, '불고'(不顧)는 거들떠보지 않고 무시하는 겁니다. 불량한 사람은 오만하지요. 권력욕에 취해 있으면 더욱더. '전도'(顚倒)는 '엎어지고 넘어지는 것'이지요. 위아래가 바뀌어 거꾸로 뒤집힌 것도 '전도'입니다. '넘어질 전'(顚), '넘어질 도'(倒)로 주객전도(主客顚倒), 본말전도(本末顚倒) 같은 단어

는 익숙하지요. 그렇게 위급한 상황이 닥쳐서야 나의 말을
생각할 것이라 하네요. 후회막급! 때는 이미 늦었지요.

7. 방유작소防有鵲巢

防有鵲巢 邛有旨苕
방 유 작 소 공 유 지 초

제방에 까치집,
언덕에는 맛있는 완두.

誰侜予美 心焉忉忉
수 주 여 미 심 언 도 도

누가 내 임을 속여서,
내 마음 쓰라리게 하는가

中唐有甓 邛有旨鷊
중 당 유 벽 공 유 지 역

사당에는 벽돌 길,
언덕에는 아름다운 칠면초.

誰侜予美 心焉惕惕
수 주 여 미 심 언 척 척

누가 내 임을 속여서
내 마음 근심하게 하는가

〈방유작소〉는 2장 4구로 된 소품입니다. 주자
는 '연애 중인 남녀가 혹시라도 이간질을 당할까 걱정하는
말'[此男女之有私, 而憂或間之之詞]이라고 하는데요. 사랑하는
사람들의 고민을 들어 볼까요?

① 防有鵲巢 邛有旨苕 誰侜予美 心焉忉忉

'방유작소 공유지초'(防有鵲巢 邛有旨苕)에서 '방'(防)은 둑, 제방이지요. 여기에 까치가 집을 지었군요. '까치 작'(鵲), '둥지 소'(巢)입니다. '공유지초'에서 '공'(邛)은 언덕을 말합니다. '맛지'(旨), '능소화 초'(苕)입니다. 그런데 여기서 '초'는 꽃이 아니라 '초요'(苕饒)로 여름에 자라는 완두입니다. 『모시명물도설』에서는 날로 먹을 수 있다[可生食]고 하는데, 글쎄요? 이 연인의 주변에 까치집이 있고 언덕에는 맛있는 완두콩이 있군요. 그런데 무슨 걱정이 있을까요?

'수주여미 심언도도'(誰侜予美 心焉忉忉). '누구 수'(誰), '속일 주'(侜)입니다. 상대방을 속이는 것도 종류가 있지요. '주'는 '말을 과장하여 허튼소리로 속이는 것'[張誑]입니다. '속일 광'(迋)과 같습니다. 여기서 '속인다'는 유혹(誘惑)하고 이간(離間)하는 것이지요. 이왕 '속일 주' 자가 나왔으니 '속이다'의 뜻으로 쓰이는 '속일 기'(欺)와 '속일 망'(罔)의 차이를 알고 갑시다.

재아가 물었다.

"어진 사람은 누군가가 우물에 사람이 빠졌다고 속여 말해도, 우물에 따라 들어가야 합니까?"

공자가 대답했다.

"어찌 그렇게 하겠느냐. 군자는 우물가에 가게 할 수는 있
어도 빠지게 할 수는 없다. 그럴듯한 말로 속일 수는 있지
만 터무니없는 말로 속일 수는 없기 때문이다."『논어』「옹야」 24

宰我問曰 : "仁者, 雖告之曰 : '井有仁焉.' 其從之也?"
재 아 문 왈   인 자   수 고 지 왈   정 유 인 언   기 종 지 야
子曰 : "何爲其然也? 君子可逝也, 不可陷也 ; 可欺也,
자 왈   하 위 기 연 야   군 자 가 서 야   불 가 함 야   가 기 야
不可罔也."
불 가 망 야

마지막 문장, '가기야, 불가망야'(可欺也, 不可罔也)에서
'기'(欺)는 '이치가 있는 말로 속이는 것'입니다. 이런 말을 들
으면 아무리 똑똑한 사람도 속지요. 하지만 '망'(罔)은 다릅니
다. '망'은 '이치가 없는 터무니없는 말로 속이는 것'입니다.
우물에 사람이 빠졌다는 말을 들으면 나중에 거짓이라는 것
이 밝혀져도 우선 구하러 뛰어가야지요. 하지만 사실 여부
를 확인도 하지 않고 그냥 우물에 뛰어드는 어리석은 행동
을 하지 않아야겠지요. 하지만 지금 보이스피싱 사기꾼들은
그럴듯한 상황을 연출하고 대단한 기술을 연마해서 '망'을
'기'로 만드니 두렵습니다.

다시 시로 돌아갈까요. '여미'(予美)는 작중 화자가 사

랑하는 사람인데요[指所與私者]. 주자는 두 사람의 관계를 '사'(私)라 하여 '사통'(私通), '내통'(內通)이라고 합니다. 아이고, 우리는 청춘 남녀의 자유연애로 봅시다. 그런데 누군가가 끼어들어서 불안하군요. '심언도도'의 '도'는 '근심할 도'로 '도도' 역시 '근심하는 모습'[憂貌]인데, 강도가 세죠. 마음이 칼로 에는 듯 쓰리니까요.

② 中唐有甓 邛有旨鷊 誰侜予美 心焉惕惕

'중당유벽 공유지역'(中唐有甓 邛有旨鷊). 어려운 구절이 나왔군요. 하나하나 풀어 갑시다. 우선 '중'은 '중정'(中庭), 사당의 마당이고, '당'은 사당 가운데 길[廟中路]입니다. 그곳에 벽돌이 깔려 있군요. '벽돌 벽'(甓)입니다. '공유지역', '지초'(旨苕)가 '지역'(旨鷊)이 되었네요. '칠면조 역'(鷊)은 '작은 풀'[小草]이라 하는데 사전을 찾으면 '타래난초'로 나옵니다. 검색을 하면 논두렁에서 자라고 5~8월에 연한 붉은색 또는 흰색 꽃이 핀다고 합니다. 『모시명물도설』에서는 색깔이 섞여 있는 작은 풀로 '칠면초'라고 합니다. '칠면조'에서 '칠면초'가 되었군요.

　　'수주여미 심언척척'(誰侜予美 心焉惕惕), '도도'를 '척척'으로 바꿨군요. '두려워할 척'(惕)이지요. '척척'은 누가 연인을 유혹하는 것이 두렵고 걱정되는 것입니다. 연애 중인 남녀의 심리 상태가 불안이라니, 안타깝군요. 하긴 언제 변심해서 이별 통고를 받을지도 모르고, 어쩔 수 없이 생이별하는 상황도 생기는 것이 인간사이지요.

8. 월출 月出

月出皎兮 佼人僚兮
월 출 교 혜 교 인 료 혜

舒窈糾兮 勞心悄兮
서 요 규 혜 노 심 초 혜

달이 떠올라 환한데,
아름다운 사람 예뻐라
간절한 마음 어찌 전할까,
애만 태울 뿐.

月出皓兮 佼人懰兮
월 출 호 혜 교 인 류 혜

舒懮受兮 勞心慅兮
서 우 수 혜 노 심 소 혜

달이 떠올라 환한데,
아름다운 사람 예뻐라
간절한 마음 어찌 전할까,
마음만 애달퍼라.

月出照兮 佼人燎兮
월 출 조 혜 교 인 료 혜

舒夭紹兮 勞心慘兮
서 요 소 혜 노 심 참 혜

달이 떠올라 비추는데,
아름다운 사람 또렷해라
이 마음 어찌 전할까,
마음만 처연해라.

유명하고 아름다운 시, 〈월출〉을 읽겠습니다. 분위기, 정감을 살리기 쉽지 않네요. 무엇보다 먼저 소동파의 「적벽부」(赤壁賦)를 언급하고 가야겠네요. 1082년 7월 16

일 소동파는 호북성 황강(黃岡)의 적벽에서 뱃놀이를 합니다. 당시 그는 시화(詩禍)로 투옥되었다가 죽을 고비를 넘기고 풀려나와 황주에서 귀양살이 중이었습니다.

임술년 가을 7월 16일에 소자[소동파]가 객과 함께 배를 띄워 적벽강 아래에서 뱃놀이를 하니, 맑은 바람은 서서히 불어오고 파도는 일지 않았다.

술잔을 들어 객에게 권하고 '명월시'를 외우며 '요조장'을 노래하는데, 조금 있다가 달이 동산 위로 떠올라 남두성과 견우성 사이를 배회하니, 흰 이슬은 강을 가로질러 있고 파란 물빛은 하늘을 접해 있었다.

갈대만 한 작은 배가 떠가는 대로 맡겨 두고서 만경창파의 아득하게 드넓은 물결을 타고 가니, 호호함이 마치 허공에 의지하고 바람을 타고 가는 듯하여 그칠 바를 모르겠고, 표표함이 세상을 버리고 홀로 서서 학이 되어 신선으로 오르는 듯하였다.

壬戌之秋七月旣望, 蘇子與客泛舟, 遊於赤壁之下,
임 술 지 추 칠 월 기 망   소 자 여 객 범 주   유 어 적 벽 지 하
淸風徐來, 水波不興. 擧酒屬客, 誦明月之詩,
청 풍 서 래   수 파 불 흥   거 주 촉 객   송 명 월 지 시
歌窈窕之章.
가 요 조 지 장
少焉, 月出於東山之上, 徘徊於斗牛之間, 白露橫江,
소 언   월 출 어 동 산 지 상   배 회 어 두 우 지 간   백 로 횡 강

水光接天.
수 광 접 천

縱一葦之所如, 凌萬頃之茫然,
종 일 위 지 소 여   릉 만 경 지 망 연

浩浩乎如憑虛御風而不知其所止, 飄飄乎如遺世獨立,
호 호 호 여 빙 허 어 풍 이 부 지 기 소 지   표 표 호 여 유 세 독 립

羽化而登仙.
우 화 이 등 선

천의무봉(天衣無縫)의 경지라 할까요? 읽기 시작하는 순간 바로 소동파의 배에 타고 만경창파를 넘나드는 느낌입니다. 여기서 동파가 객에게 술잔을 들어 권하며 부른 노래를 〈월출〉 1장으로 봅니다. '명월'의 시를 〈월출〉로, '요조'의 장을 1장으로 보는 것이지요. 물론 〈월출〉에는 '명월'이나 '요조'라는 단어가 나오지 않지요. 그래서 '요조'를 「주남」의 〈관저〉로 보기도 합니다. 하지만 환한 달빛 아래 뱃놀이하는 상황을 볼 때, 〈월출〉로 보는 것이 더 좋습니다. 이제, 「적벽부」의 흥취에 빠진 상태 그대로 〈월출〉로 가겠습니다.

① 月出皎兮 佼人僚兮 舒窈糾兮 勞心悄兮

'월출교혜 교인료혜'(月出皎兮 佼人僚兮). '달빛 교'(皎)로 '월광'(月光)이 교교, 온 세상을 비추는군요. '교인'(佼人)은 '미인'(美人)으로 달빛 아래에서 더욱 그리운 연인이지요. '동료

료'(僚)이지만 여기서는 '예쁜 모습'[好貌]입니다. '예쁠 료'(嫽)로 되어 있는 판본도 있답니다. 달은 환하게 빛나고, 사랑에 빠진 화자의 마음에는 연인이 빛나고 있군요.

정약용 선생의 『시경강의』에 '월출교혜'에 대한 재미있는 대화가 있어서 소개하고 가겠습니다.

임금께서 물으셨다.

"'달이 떠서 환하다'[月出皎兮]는 것은 그때를 인하여 흥을 일으킨 것인가, 아니면 '교인'의 안색을 '명월'에 비유한 것인가?"

신은 대답합니다.

"'월', '출', '교', 세 글자는 각각 의미가 있습니다. '월'을 말한 것은 밤이 오는 것을 기뻐한 것이고, '출'을 말한 것은 만남을 기대하는 마음을 위로한 것이고, '교'를 말한 것은 안색이 아름다운 것을 기뻐한 것이니, 아마도 단지 달이 떠오를 때에 인하여 흥을 일으킨 것만은 아닌 듯합니다." 『시경강의』(『여유당전서』권2)

御問曰 : "'月出皎兮', 是因其時而起興者歟?
어 문 왈   월 출 교 혜   시 인 기 시 이 기 흥 자 여
抑以佼人之顔色, 比於明月歟?"
억 이 교 인 지 안 색   비 어 명 월 여
臣對曰 : "月出皎三字, 各有意味.
신 대 왈   월 출 교 삼 자   각 유 의 미

稱'月'則喜時夜之來也. 稱'出'則慰企望之情也.
칭 월 즉 희 시 야 지 래 야   칭 출 즉 위 기 망 지 정 야
稱'皎'則悅顏色之美也. 恐不但因時起興也."
칭 교 즉 열 안 색 지 미 야   공 부 단 인 시 기 흥 야

정조는 주자가 〈월출〉 3장을 '흥'으로 본 것에 불만입니다. 분명히 '명월'은 '미인'을 비유한 것 같다면서요. 이에 정약용 선생도 동의하지요. '월', '출', '교', 세 글자를 나누어 섬세하게 분석하면서…. 좋습니다. 호학군주(好學君主)와 박학하고 영민한 신하의 만남! 두 사람 인생의 '퍼펙트 데이즈'(Perfect Days)! 생각만으로도 주변이 환해집니다.

'서요규혜 노심초혜'(舒窈糾兮 勞心悄兮)의 첫 글자는 '펼서'(舒)인데요. 마음을 표현하는 것입니다. 저는 〈월출〉의 핵심어를 '서'(舒)로 봅니다. 작중 화자뿐 아니라 우리도 속마음을 제대로 표현하며 살지 못하고 있지요. 그다음에는 '요조숙녀'(窈窕淑女)의 '요'가 나왔네요. '그윽할 요'(窈)로 마음이 깊고 그리움이 큰 것[幽遠]입니다. '꼴 규'(糾)는 '뒤얽힌 것'인데, '분규'(紛糾), '규명'(糾明) 같은 용례를 보면 알 수 있습니다. 그런데 여기서는 '근심이 맺힌 것'[愁結]을 말합니다. 「적벽부」의 용례처럼 '요규'는 '요조'와 같이 마음속 깊은 그리움입니다. '노심초혜', 사랑의 마음을 전달하기는 쉽지 않지요. 내 마음이 '너~무~' 힘들다고 하네요. '노심'(勞心)은 마음

이 힘든 것이지요. '노심초사'(勞心焦思), '노심고사'(勞心苦思)라고 하는데, 여기서는 '근심할 초'(愀) 자가 나왔습니다.

　환한 달빛 아래에서 헤어져 있는 연인, 가족을 그리워하며 어떻게 내 마음을 전할 수 있을까, 수심에 잠기는 모습이 눈에 선합니다. 〈월출〉은 달을 매개로 그리움을 표현하는 후대의 수많은 시들의 원형이기도 합니다. 여기서는 그중 한 편, 달의 시인 이백(李白, 701~762)의 「월하독작」(月下獨酌)을 읽고 가겠습니다.

달 아래서 홀로 술을 마시며(月下獨酌)

꽃 아래에서 한 병 술

친구도 없이 홀로 마시네

잔 들어 밝은 달 맞이하니

그림자 마주하여 세 사람 되었네.

달은 이미 술 마실 줄 모르고

그림자도 내 몸을 따라다닐 뿐.

잠시나마 달과 그림자 짝이 되어서

모름지기 봄날을 즐기리.

내가 노래하면 달은 서성이고

내가 춤추면 그림자는 어지럽게 흔들리네.

깨었을 땐 함께 서로 즐거움 나누지만

취한 뒤에는 각기 나뉘어 흩어진다오.

변함 없는 사귐을 길이 맺고자

아득한 은하수에 기약해 보노라.

花下一壺酒 獨酌無相親
화 하 일 호 주　독 작 무 상 친
擧盃邀明月 對影成三人
거 배 요 명 월　대 영 성 삼 인
月旣不解飮 影徒隨我身
월 기 불 해 음　영 도 수 아 신
暫伴月將影 行樂須及春
잠 반 월 장 영　행 락 수 급 춘
我歌月徘徊 我舞影凌亂
아 가 월 배 회　아 무 영 릉 란
醒時同交歡 醉後各分散
성 시 동 교 환　취 후 각 분 산
永結無情遊 相期邈雲漢
영 결 무 정 유　상 기 막 운 한

② 月出皓兮 佼人懰兮 舒慢受兮 勞心慅兮

'월출호혜 교인류혜'(月出皓兮 佼人懰兮). '호'(皓)는 '밝을 호'
로 '호'(皓)와 같은 글자입니다. '깨끗하고 희다'는 뜻도 있는
데요. 굴원은 「어부사」에서 속세에 맞춰 살라는 어부의 말
에 "어찌 희디흰 결백한 몸으로 세속의 먼지를 뒤집어쓸 수
있겠는가"[安能以皓皓之白, 而蒙世俗之塵埃乎?]라고 대답하지

요. 물론 어부는 더 이상 말하지 않고 웃으며 뱃전을 두드리며 떠나갑니다. 가치관이 다른 사람과 더 이상의 대화는 의미 없었겠지요. '교인류혜'에서 '류'(懰)는 '근심할 류'이지만 아름다운 모습[好貌]으로 푸는데요. '아름다울 류'(嬼)로 보는 겁니다.

'서우수혜 노심소혜'(舒懮受兮 勞心慅兮). '근심할 우'(懮)로 '우수'(懮受)는 '근심에 잠긴 생각'[憂思]이라는 말입니다. 그리움이 깊군요. 작중 화자는 계속 자신의 사랑, 그리움을 펼수 없는 처지를 호소합니다. '흔들릴 소'(慅)는 마음이 시름에 겨워 진정되지 않는 겁니다. 그리움에 고단하군요.

③ 月出照兮 佼人燎兮 舒夭紹兮 勞心慘兮

'월출조혜 교인료혜'(月出照兮 佼人燎兮). 달이 떠서 휘영청 밝군요. 이번에는 '비출 조'(照)를 썼네요. 해와 달이 지상을 골고루 비출 때 쓰는 단어입니다. 물론 군주의 하해(河海)와 같은 드넓은 은혜, 영향력을 비유하기도 합니다. '교인료혜'의 '료'(燎)는 '밝을 료'입니다. 휘영청 밝은 달이 연인의 얼굴이 되었군요. '료'(燎)는 마당에 피우는 장작불인데, 그만큼 연인이 선명하게 떠오르는 겁니다.

'서요소혜 노심참혜'(舒夭紹兮 勞心慘兮)에서 '서'(舒)가 중요하다고 말씀드렸죠. 작중 화자는 계속 자신의 마음을 전하고 싶어 하지요. 상황이 여의치 않아서 안타까울 뿐. '요소'(夭紹)는 '마음에 맺혀 있는 생각'[糾緊之意]입니다. 앞 장의 '요규'(窈糾), '우수'(懮受)와 같은 뜻이지요. '어릴 요'(夭), '이을 소'(紹)인데 '요소'라는 단어가 되었네요. '노심참혜', '참혹할 참'(慘)이 나왔군요. 여기서는 마음이 애처롭고 아픈 겁니다. 1장에서 3장까지 작중 화자의 그리움이 점점 고조됩니다. 애가 타고 애달프고 고통스럽지요. 누구에게나 사랑, 그리움의 감정은 일단 상승선을 타면 멈추기 어렵지요.

〈월출〉은 「적벽부」를 강의할 때마다 소환되는데요. 달 밝은 이 밤, 그대와 뱃놀이를 하게 되어 기쁘다는 소동파의 흥취가 도도하지요. 그런데 이쯤에서 궁금해집니다. 「모시서」와 주자는 어떻게 보았을까요. 우선 「모시서」를 볼까요?

〈월출〉은 미색을 좋아함을 풍자한 시이다. 높은 지위에 있는 자가 덕을 좋아하지 않고 미색을 좋아한 것이다.

月出, 刺好色也, 在位不好德而說美色焉.
월 출   자 호 색 야   재 위 불 호 덕 이 열 미 색 언

아이고, 『모시정의』에서는 군주를 비롯한 집권자들이 여색에 빠진 것을 경계, 풍자한 것으로 본답니다. 하긴 공자님도 "덕을 좋아하기를 미색을 좋아하는 것만큼 하는 자를 보지 못했노라"[吾未見好德如好色者也 『논어』 「자한」 17]라고 탄식하셨지요. 하지만 소동파는 그런 해석에 개의치 않습니다. 이 좋은 밤, 내 옆에 있는 그대가 '아름다운 사람'이고, 그것으로 충분합니다.

이 또한 남녀가 서로 좋아하고 서로 그리워하는 말이다. 달이 떠올라 환하며, 연인은 너무도 예쁘니, 어떻게 하면 그를 만나 가슴속에 쌓인 정을 펼 수 있겠는가. 이 때문에 마음이 고달프고 애가 탄다고 말하는 것이다.

此亦男女相悅而相念之詞, 言月出則皎然矣,
차 역 남 녀 상 열 이 상 념 지 사   언 월 출 즉 교 연 의
佼人則僚然矣, 安得見之而舒窈糾之情乎.
교 인 즉 료 연 의   안 득 견 지 이 서 요 규 지 정 호
是以, 爲之勞心而悄然也.
시 이   위 지 노 심 이 초 연 야

주자는 〈월출〉을 〈방유작소〉와 같이 남녀의 사랑 시로 보네요. 〈방유작소〉의 연인은 오해로 헤어지게 될까 노심초사하고, 〈월출〉의 연인은 마음을 전할 수 없어 애가 탑니다. 시적 상황을 볼 때 미색에 대한 경계, 풍자보다는 '상열', '상

넘'으로 보는 것이 더 타당하지요. 하지만 주자의 시선이 우호적이지만은 않지요.

이쯤에서 〈월출〉을 마무리하려니 저의 영원한 짝사랑 두보 아저씨가 마음에 걸립니다. 이미 이백의 「월하독작」을 읽은지라…. "나도 달이라면 이백 형님 못지 않은데…" 하는 두보의 목소리가 환청으로 들리는 듯합니다. 한 수 읽겠습니다. 고심 끝에 「백오 일째 되는 날 밤에 달을 바라보며」(一百五日夜對月)를 택했습니다.

백오 일째 되는 날 밤에 달을 바라보며

가족과 떨어져 한식을 맞으니
흐르는 눈물이 금빛 물결 같네
달 속의 계수나무를 베어 버린다면
밝은 달빛이 더욱더 쏟아져 내리겠지
당신과 헤어지고서 붉은 봄꽃이 피었는데
그대는 시름에 미간을 찡그리고 있으리라
견우와 직녀는 이별에 시름겹다 하지만
그래도 가을 되면 은하수를 건널 수 있는데.

無家對寒食 有淚如金波
무 가 대 한 식 유 루 여 금 파

斫却月中桂 淸光應更多
작 각 월 중 계　청 광 응 갱 다
仳儷放紅藥 想像嚬靑蛾
비 리 방 홍 예　상 상 빈 청 아
牛女漫愁思 秋期猶渡河
우 녀 만 수 사　추 기 유 도 하

　　동지에서 105일째 되는 날이 한식입니다. 757년 봄, 46세의 두보는 안록산 정권에 의해 장안에 억류되어 있었습니다. 두보의 가족 사랑은 지극합니다. 아내와 자식, 두 동생에 대한 애정이 철철 넘쳐 흐르지요. 달빛 아래에서 아내에 대한 그리움으로 흘러내리는 눈물이 금빛 물결이군요. 이들 부부는 칠월칠석에 오작교를 건너 만날 수 있을까요?

9. 주림株林

胡爲乎株林 從夏南
호 위 호 주 림 종 하 남

匪適株林 從夏南
비 적 주 림 종 하 남

駕我乘馬 說于株野
가 아 승 마 세 우 주 야

乘我乘駒 朝食于株
승 아 승 구 조 식 우 주

왜 주림에 갔는가?
하남을 따라 갔네.

주림에 간 것은
하남을 따른 것일 뿐.

수레를 타고,
주림의 들판에 머무네.

수레를 타고
주림에서 아침 먹네.

    〈주림〉의 배경은 춘추시대 최대 스캔들입니다. 「제풍」의 문강와 제 양공 사건도 큰 스캔들이었지요. 하지만 노와 제, 양국의 문제였을 뿐, 주변 제후국에 미친 영향은 크지 않았습니다. 하지만 〈주림〉의 등장 인물(하희, 하희의 아들 하징서, 진 영공)들이 얽힌 사건은 초(楚), 진(晉), 오(吳)로 연쇄 반응을 일으키면서 핵폭탄급 폭발력을 가집니다.

    우선 〈주림〉을 읽고 후일담을 간략하게 정리해서 말씀

드리겠습니다. 궁금증을 풀기 위해 〈주림〉 뒤에 붙어 있는 자료를 먼저 볼까요?

『춘추전』에서 이렇게 말하였다.

ⓐ 하희는 정 목공의 딸인데, 진나라 대부 하어숙에게 시집 갔다.

ⓑ 진 영공이 대부인 공녕, 의행보와 함께 하희와 간통하 자, 설야가 간하였으나 듣지 않고 그를 죽였다.

ⓒ 그 뒤에 영공은 마침내 하희의 아들 징서에게 시해당했 다.

ⓓ 하징서는 다시 초 장왕에게 죽임을 당했다.

春秋傳, 夏姬鄭穆公之女也. 嫁於陳大夫夏御叔.
춘 추 전   하 희 정 목 공 지 녀 야   가 어 진 대 부 하 어 숙
靈公與其大夫孔寧儀行父通焉, 洩冶諫, 不聽而殺之.
영 공 여 기 대 부 공 녕 의 행 보 통 언   설 야 간   불 청 이 살 지
後卒爲其子徵舒所弑, 而徵舒復爲楚莊王所誅.
후 졸 위 기 자 징 서 소 시   이 징 서 부 위 초 장 왕 소 주

『춘추좌전』의 관련 기록들을 발췌, 요약했군요.『국어』, 『사기』,『열녀전』등의 기록과 비교, 정리해서 말씀드려 보겠 습니다. ⓐ '주림'의 숨겨진 주인공 하희는 정나라 목공(재위 : 기원전 627~606)의 소비(少妃)였던 '요자'(姚子)의 딸입니다(『춘 추좌전』소공 28년). '희'(姬) 성의 이 여인은 절세미인으로, 무려

13명이 넘는 이복 오라비들이 있었는데, 결혼 전 한두 명의 오빠들과 이런저런 일이 있었다는 풍문이 돌았습니다. 그녀는 진나라 선공의 손자 하어숙과 결혼하여 하징서를 낳습니다. 남편 하어숙은 진 영공(靈公, 재위 : 기원전 613~599)의 종조부이니 제후의 딸로 명실상부 종가의 여인이 된 것이지요.

그런데 남편 하어숙이 죽은 후에 대형 스캔들이 터집니다. 『춘추좌전』(노 선공 9년)의 내용을 요약한 것인데요. 『사기』「진기세가」에도 같은 내용이 있답니다.

진 영공이 공녕, 의행보와 함께 하희와 사통하였다. 그들은 모두 하희의 속옷을 입고는 조정에서 희희덕거렸다.

대부 설야가 간하였다.

"공과 경들이 드러내 놓고 음행을 저지르니 백성들이 본받을 것이 없습니다. 그리고 이런 일이 소문이 나면 좋지 않으니 군주는 그 옷을 거두십시오."

공이 말했다. "내가 고치도록 하겠소."

공이 공녕, 의행보에게 말하니 두 사람은 설야를 죽일 것을 청했다.

공이 금하지 않으니 그들은 마침내 설야를 죽였다.

陳靈公與孔寧, 儀行父, 通於夏姬.
진 령 공 여 공 녕   의 행 보   통 어 하 희

皆衷其衵服以戲于朝.
개 충 기 일 복 이 희 우 조

洩冶諫曰：“公卿宣淫, 民無效焉, 且聞不令,
설 야 간 왈   공 경 선 음   민 무 효 언   차 문 불 령

君其納之.”
군 기 납 지

公曰：“吾能改矣.”
공 왈   오 능 개 의

公告二子, 二子請殺之, 公弗禁, 遂殺洩冶.
공 고 이 자   이 자 청 살 지   공 불 금   수 살 설 야

어이가 없군요. 군주가 추문 당사자라니. 당시 국제 상황은 엄중했습니다. 초 장왕이 북상하며 정(鄭)을 치고, 진(晉)은 초의 기세를 꺾으려고 진(陳)을 공략할 때였으니까요. 그런데도 진 영공은 이런 짓을 벌이면서 중신을 죽음으로 내몬 겁니다.

ⓑ와 ⓒ의 과정에서 〈주림〉이 불렸습니다. 기원전 599년(노 선공 10년) 5월, 하징서는 진 영공을 시해합니다. '트리거'(trigger)는 역시 하희였습니다.

진 영공이 공녕, 의행보와 함께 하씨의 집에서 술을 마시고 있었다. 영공이 의행보에게 말했다.

"하징서가 자네를 닮았군."

그가 대답했다. "군주를 닮기도 했습니다."

그 말을 들은 하징서는 분노하여 영공이 집 밖으로 나왔을

때 마굿간에서 화살을 쏘아 그를 죽였다.

공녕과 의행보는 초나라로 달아났다.

陳靈公與孔寧, 儀行父, 飮酒於夏氏.
진 령 공 여 공 녕   의 행 보   음 주 어 하 씨

公謂行父曰:"徵舒似女."
공 위 행 보 왈   징 서 사 녀

對曰:"亦似君."
대 왈   역 사 군

徵舒病之, 公出, 自其廄射而殺之, 二子奔楚.
징 서 병 지   공 출   자 기 구 사 이 살 지   이 자 분 초

일국의 군주와 대신들이 이런 수준이었다니 저절로 한숨이 나옵니다. ⓓ 다음 해(기원전 598년) 겨울, 초 장왕은 '하씨의 난[夏氏亂]'을 평정한다는 명분으로 진을 공격해서 하징서를 죽이고 시신을 거열(車裂)합니다. 하희는요? 초 장왕의 포로가 되어 장왕이 정해 준 사람과 결혼하고, 그 후에 다시 결혼하는 인생 후반전을 시작합니다. 후일담은 나중에.

① 胡爲乎株林 從夏南 匪適株林 從夏南

'호위호주림 종하남'(胡爲乎株林 從夏南). 여기서 '주림'(株林)은 지명으로 하씨 집안의 식읍(食邑)입니다. '그루 주'(株) 자고요. 영공이 조석으로 주림에 갔다고 하네요. 물론 하희를 만나기 위해서이지요. '하남'은 하희의 아들 하징서입니다.

그런데 왜 하징서를 만나러 갔다고 하는 걸까요. 주자는 시인이 차마 영공과 하희의 음행(淫行)을 대놓고 말할 수 없었기 때문이라고 합니다. 하긴 우리도 그렇지요. 지독한 스캔들의 경우 이렇게 저렇게 돌려서 조심스럽게 말하지요. "누가 ~에 자주 간다는데, 들어 봤어?" 이런 식으로요. 누구를 만나는지는 말하지 않지요.

'비적주림 종하남'(匪適株林 從夏南). 이쯤 되면 '주림'은 하희를 칭한다고 봐야겠지요. '주림'에 간 것이 아니다, 즉 하희를 만나는 것이 아니고, 아들 하남을 따라왔을 뿐이다, 이렇게요. 국인(國人)뿐 아니라 제후국 사이에도 널리 퍼진 추문인데, 이렇게 노래할 수밖에 없는 진인(陳人)의 처지가 딱하군요. 시인의 충후(忠厚), 자신의 나라를 사랑하는 마음이지요.

② 駕我乘馬 說于株野 乘我乘駒 朝食于株

'가아승마'(駕我乘馬)에서 '멍에 가'(駕)는 동사일 때 수레를 탄다[乘]입니다. 여기서 '승마'는 네 마리 말이 끄는 수레이지요. 『맹자』를 보면 '백승지가'(百乘之家), '천승지국'(千乘之國) 같은 단어가 나옵니다. 국력을 '승', 네 마리 말이 끄는 병거

(兵車)를 몇 대나 낼 수 있느냐로 가늠한 것이지요. 지금도 그렇습니다. 항공모함, 핵잠수함 숫자로 국력을 셈하더군요. '세우주야'(說于株野)에서 '말씀 설'(說)은 '세'로 읽습니다. '말씀 설'(說)은 '기뻐할 열'(悅), '벗을 탈'(脫)과 통용되고, 음도 바뀝니다. 여기서 '세'는 '머물다, 묵다'[舍]로, 영공 일행이 주림의 들판에 머무는 것입니다.

'승아승구'(乘我乘駒)에서 앞의 '승'은 동사 '타다'이고 뒤의 '승'은 네 마리 말입니다. 이번에는 수레를 모는 것이 망아지군요. '망아지 구'(駒)인데 말이 6척 이하인 것[馬六尺以下]을 '구'라고 한다는 주석이 있습니다. '승구'는 대부가 타는 수레인데, 그러면 영공의 측근, 공녕, 의행보가 동행한 것이지요. '조식우주'(朝食于株), '주림'에서 아침밥을 드신다니, 조정은 텅 비어 있겠군요. 국정을 방기하고 향락에 빠진 군주 진 영공, 이후에 진은 초의 식민지가 됩니다. 초 장왕이 영공의 아들(성공)을 제후로 세우지만 초의 일개 현(縣)이 되어 유명무실해지지요.

계찰이 「진풍」을 듣고 이런 코멘트를 합니다.

「진풍」을 연주하자 이렇게 말했다.

"나라에 군주가 없군요. 어찌 이 나라가 오래갈 수 있겠습

니까?"『춘추좌전』양공 29년

爲之歌陳.
위 지 가 진
曰:"國無主,其能久乎!"
왈　　국 무 주　　기 능 구 호

군주다운 군주가 없는 진나라! 계찰 시대가 되면 진은 초(楚)도 오(吳)도 하찮게 보는 소국이 된 것입니다. 계찰의 말대로 진은 오래가지 못했지요. 기원전 479년, 초 혜왕에 의해 망했으니까요. 주 무왕이 순(舜)의 후손에게 봉해 준 진은 이렇게 멸망의 길로 갔답니다.

이제 하희라는 여성의 후일담을 간략히 정리하겠습니다. 유향의 『열녀전』「진녀하희」(陳女夏姬)에서는 그녀의 미모를 이렇게 말합니다.

그녀의 미모는 견줄 사람이 없었고 남자를 유혹하는 기술을 가지고 있었다. 나이가 들어서도 여전히 젊어 보였다. 세 번이나 왕후 자리에 올랐고 일곱 차례나 다른 남자의 아내가 되었다. 왕과 제후들이 그녀를 두고 다투었으니, 미혹되어 정신을 잃지 않은 사람이 없었다.

其狀美好無匹, 內挾伎術, 蓋老而復壯者.
기 상 미 호 무 필　 내 협 기 술　 개 로 이 부 장 자

三爲王后, 七爲夫人.
삼 위 왕 후   칠 위 부 인
公侯爭之, 莫不迷惑失意.
공 후 쟁 지   막 불 미 혹 실 의

아니, 이 정도였다니! 놀랍군요. 여기서 하희의 남자들이 누구였는지 따지는 것은 의미가 없겠지요. 절대 미모의 여성이었지만 여러 번 남편을 잃고, 아들 하징서는 반역죄로 거열형을 당했습니다. 불행한 여인이지요. 그녀와 관련된 기록은 한 편의 대하소설이 나올 만큼 방대하지만, 정작 그녀 자신은 '말'이 없습니다. '목소리'를 잃은 하희! 어찌 그녀 나름의 생각과 고통이 없었겠어요? 〈주림〉 이후 그녀는 어떤 인생을 살았을까요?

아들 하징서의 죽음 이후, 하희는 초 장왕의 전리품이 됩니다. 당연히 장왕은 그녀를 후궁으로 삼으려 했지요. 하지만 대부 신공무신(申公巫臣)이 적극적으로 반대합니다. 진을 정벌한 것이 '탐색'(貪色), 여색을 탐했기 때문이라는 말을 듣게 된다고.

이번에는 초의 영윤 자반(子反)이 나섭니다. 하지만 신공무신은 또 반대합니다. '진나라를 망하게 한 재수 없는 여자'라고. 결국 초 장왕은 그녀를 지방 장관 양로라는 인물에게 포상으로 보냅니다. 하지만 양로는 1년도 안 되어 죽지요.

이에 신공무신은 하희를 친정인 정나라로 돌아갈 수 있도록 주선합니다. 그리고 하희의 오빠인 정 양공(재위 : 기원전 604~587)에게 하희를 자신의 아내로 맞겠다고 약속한 후에 제나라에 사신으로 가는 길에 정나라로 가 버립니다. 초나라를 출발할 때에 이미 전 재산을 챙겨서 떠났지요. 초 장왕과 자반은 뒤통수를 맞고 멍해집니다(『춘추좌전』 성공 2년).

신공무신과 하희는 다시 제나라를 거쳐 진(晉)으로 갑니다. 진에서는 적국의 대신 신공무신을 우대하여 식읍을 주고, 하희는 딸을 낳습니다. 두 사람은 해로했을까요? 알 수 없지요. 다만 하희의 딸이 진의 대부 숙향(叔向)과 결혼할 때 시어머니 숙희(叔姬)가 반대한 기록이 있습니다. 『열녀전』 「진양숙희」(晉羊叔姬)에 나오는데, 그녀는 하희를 '우물'(尤物)이라고 합니다. 지나치게 아름다운 여인으로 남자의 마음을 홀려 재앙을 몰고 온다는 것이지요(『춘추좌전』 소공 28년).

이후 하희는 '우물'이 되었습니다. 미야기타니 마사미쓰(宮城谷昌光)의 소설 『하희 춘추』가 있답니다. 하희를 중심으로 당시 국제 관계를 조감한 것이지요.

10. 택피 澤陂

彼澤之陂 有蒲與荷
피 택 지 피 유 포 여 하

저 못 둑에
부들과 연꽃이 있다네.

有美一人 傷如之何
유 미 일 인 상 여 지 하

아름다운 그대,
슬프지만 만날 수 없구나.

寤寐無爲 涕泗滂沱
오 매 무 위 체 사 방 타

자나 깨나 하릴없이
눈물, 콧물 흘릴 뿐.

彼澤之陂 有蒲與蕑
피 택 지 피 유 포 여 간

저 못 둑에
부들과 난초가 있다네.

有美一人 碩大且卷
유 미 일 인 석 대 차 권

아름다운 그대,
키가 크고 수염이 아름답구나.

寤寐無爲 中心悁悁
오 매 무 위 중 심 연 연

자나 깨나 하릴없이
마음에 근심만 가득.

彼澤之陂 有蒲菡萏
피 택 지 피 유 포 함 담

저 못 둑에
부들과 연꽃이 있다네.

有美一人 碩大且儼
유 미 일 인 석 대 차 엄

아름다운 그대여,
키가 크고 의젓하구나.

寤寐無爲 輾轉伏枕
오 매 무 위 전 전 복 침

자나 깨나 하릴없이
뒹굴며 베개에 엎드릴 뿐.

「진풍」의 마지막 작품 〈택피〉입니다. ‘못 택’(澤), ‘비탈 피’(陂)인데, 여기서는 못가의 방죽이지요. 이런 저런 꽃들이 아름답게 핀 방죽을 보면서 아름다운 한 사람을 그리워하네요. 만날 길이 없어서…. 주자는 작품 상황이 〈월출〉과 비슷하다고 합니다. 간절한 그리움이지요.

① 彼澤之陂 有蒲與荷 有美一人 傷如之何
　　寤寐無爲 涕泗滂沱

‘피택지피 유포여하’(彼澤之陂 有蒲與荷). 연못가 방죽[澤之陂]에 피어 있는 꽃들을 볼까요? ‘부들 포’(蒲)는 습지에 자라는 물풀로 자리를 만들 수 있습니다. 왕골과 비슷하죠. ‘하’(荷)는 연꽃입니다. ‘부거’(芙蕖), ‘부용’(芙蓉)이라고도 합니다.

　　‘유미일인 상여지하’(有美一人 傷如之何). 방죽의 꽃을 보니 바로 아름다운 한 사람[美一人]이 생각납니다. 그런데 사정이 딱하군요. ‘상처 상’(傷)은 ‘마음이 아프고 그리운 것’[思]인데, ‘여지하’, 만날 길이 없다니….

　　‘오매무위 체사방타’(寤寐無爲 涕泗滂沱)에서 ‘오매’는 ‘자나 깨나’이지요. ‘깰 오’(寤), ‘잘 매’(寐). 오매불망(寤寐不忘)이란 말을 쓰는데요. 여기서는 ‘오매무위’입니다. ‘무위’(無爲)

는 '아무것도 할 수 있는 일이 없는 것'[無所爲]입니다. 그리움으로 다른 일을 할 수 없는 상태이지요. '하릴없이', '하염없이'로 푸시면 됩니다. '체사방타'는 대단한 표현입니다. 우리가 너무나 속상하고 원통할 때, '눈물, 콧물 다 쏟았다'고 하는데요, 바로 이 말입니다. '눈물 체'(涕)로 여기서는 동사입니다. 눈물이 흐르는 것이지요. '콧물 사'(泗)인데요. 눈물을 펑펑 쏟다 보면 콧물도 흐르지요. 그리움에 눈물, 콧물 범벅이군요. 이 정도면 보통 상황이 아닌 거지요. '방타'(滂沱)는 '하염없이 흐른다'입니다. '비 퍼부을 방'(滂), '큰비 퍼부을 타'(沱)로 '방타'는 장대비가 쏟아질 때 쓰는데요. 여기서는 눈물, 콧물이 줄줄 흐르는 것이니, 과장법일까요? 지독한 사랑입니다. 어느 한 시절, 이런 사랑이 없다면 우리의 인생길은 사막을 건너는 것처럼 팍팍하지 않을까요?

'체사'라는 말은 두보의 「등악양루」(登岳陽樓)에 보이는데요, 두보는 만년(768년, 57세)에 가족과 배 한 척으로 떠돕니다. 정착할 곳이 없는 고단한 처지가 된 것이지요.

악양루에 올라(登岳陽樓)

동정호는 이전에 들었는데

오늘에야 악양루에 올라왔구나

오와 초 지방이 동남으로 갈라졌고

하늘과 땅은 밤낮으로 떠 있구나

친척 친구에게 소식 한 자 없고

늙고 병든 몸 한 척 배에 실었노라

관산 북쪽에서는 아직도 전쟁 중이니

난간에 기대어 눈물 콧물을 흘리노라

昔聞洞庭水 今上岳陽樓
석 문 동 정 수　　금 상 악 양 루
吳楚東南坼 乾坤日夜浮
오 초 동 남 탁　　건 곤 일 야 부
親朋無一字 老病有孤舟
친 붕 무 일 자　　노 병 유 고 주
戎馬關山北 憑軒涕泗流
융 마 관 산 북　　빙 헌 체 사 류

악양루 난간에 기대서서 눈물, 콧물을 흘리는 두보! 비
감(悲感)에 마음이 처연해져 울렁거립니다. 정약용 선생은
큰아들 학연(學淵)에게 시작(詩作)을 지도하는 편지를 보내
며 이렇게 말씀하십니다. "시 공부는 두보를 공자로 삼아야
한다. 두보의 시가 백가의 으뜸이 되는 것은 '삼백 편'이 남
긴 뜻을 이었기 때문이다"[後世詩律, 當以杜工部爲孔子. 蓋其詩
之所以冠冕百家者, 以得三百篇遺意也]「答淵兒」(『여유당전서』 권21). 저
는 이런 편지를 보면 "다산 같은 울트라 슈퍼급 넘사벽 아버

지! 아들 노릇 힘들었겠다. 고집불통, 소통불가였지만 평범했던 내 아버지가 더 좋았다"라는 불효자식이나 할 법한 생각이 저도 모르게 듭니다^^.

② 彼澤之陂 有蒲與蕑 有美一人 碩大且卷
　　寤寐無爲 中心悁悁

'피택지피 유포여간'(彼澤之陂 有蒲與蕑). 이번에는 방죽에서 부들[蒲]과 '간'(蕑)을 보는군요. '난초 간'인데요. 난초도 연꽃 못지않게 종류가 많지요. 「정풍」〈진유〉에서는 난초를 든 청춘 남녀가 연애를 시작했지요(『시경 강의』3, 186쪽).

　'유미일인 석대차권'(有美一人 碩大且卷)에서 '석대', '석'(碩)과 '대'(大)는 키가 헌칠하게 큰 모습을 말합니다. '책권'(卷)은 시험지, 두루마리를 말하기도 하는데요. 여기서는 '권'이 '수염과 머리털이 아름다운 것'[鬚髮之美]을 말합니다. '예쁠 권'(婘)으로 되어 있는 판본도 있으니, 헌칠하고 아름다운 것이지요.

　'오매무위 중심연연'(寤寐無爲 中心悁悁). 자나 깨나 고민하면서 하염없이 그리워하고 있네요. '연'(悁)은 '근심할 연'으로 '연연'은 '읍읍'(悒悒)과 같다고 하네요. '읍'도 근심한다는 뜻이지요. 사랑에 빠진 이 사람의 마음에는 근심만 가득하군요.

③ 彼澤之陂 有蒲菡萏 有美一人 碩大且儼
　　寤寐無爲 輾轉伏枕

'피택지피 유포함담'(彼澤之陂 有蒲菡萏). 방죽에 부들[蒲]과 함담(菡萏)이 있군요. '연봉우리 함'(菡), '연꽃 봉우리 담'(萏)이니 '연꽃'[荷華]이 피었군요. 연꽃이 피었다면 한여름이겠네요.

'유미일인 석대차엄'(有美一人 碩大且儼)에서 '의젓할 엄'(儼)은 아름다운 사람이 헌칠하고 의젓한 걸 말합니다. 여기까지 읽으면 '일인'(一人)이 여성일까, 남성일까, 궁금해집니다. 1장에서는 남성이 여성을 그리워하는 것이라 생각했는데, 2, 3장으로 오면서 작중 화자가 여성이 됩니다. 큰 키[碩大]와 수염[卷]이 등장하고 엄숙한 모습이 나오니까요. 물론 여성도 키 크고 의젓할 수 있지요. 하지만 수염은?

'오매무위 전전복침'(寤寐無爲 輾轉伏枕).「주남」〈관저〉 3장에 '전전반측'(輾轉反側)이 나오지요. 그리움에 이리 뒹굴, 저리 뒹굴 한다고. 여기서는 '전전복침'입니다. 주자는 〈관저>에서 '구를 전'(輾)은 반쯤 돌아눕는 것이고 '회전할 전'(轉)은 360도 도는 것이라고 했는데, 여기는 별도의 주석 없이 '전전복침'을 '누웠어도 잠들지 못하는 것'[臥而不寐]이라 합니다. 그리움이 깊을수록 잠들 수 없겠지요. '복'(伏)은 '엎드리다'이고 '침'(枕)은 베개이니, 잠 못 이루고 베개에 얼굴을 파묻고 있군요. 불면의 밤은 고통이지요. <택피>는「주남」의 <관저> 2장과 분위기가 비슷합니다. "구하여도 만나지 못하여 / 자나 깨나 그리워하네 // 아득한 그리움이여! 이리 뒹굴, 저리 뒹굴"[求之不得, 寤寐思服 // 悠哉悠哉, 輾轉反側].

「진풍」을 마치며

「진풍」 10편을 모두 읽었습니다. 고생하셨습니다. 관련 자료가 많지요. 이렇게 마무리하나 했는데, 웬걸, 우리의 주자 선생님께서 여조겸의 긴 평을 달아 놓으셨네요. 힘을 내서 읽어 봅시다. 번호 붙여 가면서 차분히.

　　동래여씨가 말하였다.
　　ⓐ "변풍은 진 영공에서 끝났다.
　　ⓑ 그 사이에 남녀 사이와 부부 사이의 시가 어찌 이리도 많은가?"
　　ⓒ 대답하노라.
　　"하늘과 땅이 있은 연후에 만물이 있고 만물이 있은 연후에 남자와 여자가 있고, 남자와 여자가 있은 연후에 남편과

아내가 있다. 남편과 아내가 있은 연후에 아버지와 아들이
있고, 아버지와 아들이 있은 연후에 군주와 신하가 있다.
군주와 신하가 있은 연후에 윗사람과 아랫사람이 있다. 윗
사람과 아랫사람이 있은 연후에 예의를 베풀 곳이 있는 것
이다. 남자와 여자는 삼강의 근본이고 만사의 우선이다.

ⓓ 정풍(正風)이 정풍이 되는 까닭은 그 바른 것을 들어서
권면하기 때문이다. 변풍(變風)이 변풍이 되는 까닭은 그
바르지 못한 것을 들어서 징계하기 때문이다.

ⓔ 도의 오르고 내림, 시대가 다스려지고 어지러운 것, 세
속의 천박함과 융성, 백성의 죽음과 삶이 모두 여기에 있으
니 기록이 번거로울 정도로 망라하고 작품이 중복된 것에
대하여 어찌 의심하겠는가?”

東萊呂氏曰: “變風, 終於陳靈, 其間男女夫婦之詩,
동 래 려 씨 왈　　변 풍　종 어 진 령　기 간 남 녀 부 부 지 시
一何多邪?”
일 하 다 야

曰: “有天地然後有萬物, 有萬物然後有男女,
왈　　유 천 지 연 후 유 만 물　유 만 물 연 후 유 남 녀
有男女然後有夫婦, 有夫婦然後有父子,
유 남 녀 연 후 유 부 부　유 부 부 연 후 유 부 자
有父子然後有君臣, 有君臣然後有上下,
유 부 자 연 후 유 군 신　유 군 신 연 후 유 상 하
有上下然後禮義有所錯, 男女者, 三綱之本,
유 상 하 연 후 례 의 유 소 조　남 녀 자　삼 강 지 본
萬事之先也.
만 사 지 선 야
正風之所以爲正者, 擧其正者以勸之也,
정 풍 지 소 이 위 정 자　거 기 정 자 이 권 지 야

變風之所以爲變者, 舉其不正者以戒之也.
변 풍 지 소 이 위 변 자   거 기 부 정 자 이 계 지 야

道之升降, 時之治亂, 俗之汙隆, 民之死生, 於是乎在,
도 지 승 강   시 지 치 란   속 지 오 륭   민 지 사 생   어 시 호 재

錄之煩悉, 篇之重複, 亦何疑哉?"
록 지 번 실   편 지 중 복   역 하 의 재

　　와우, 뭔가 크고 어마어마하게 중요한 말씀을 하고 계시
군요. 물 한 모금 마시고 다시 시작하겠습니다. 우리에게는
10분의 휴식이 필요합니다. ^^

　　이제 볼까요? ⓐ변풍이 진 영공의 죽음(기원전 599)에서
끝났다니, 무슨 말인가요? 「패풍」, 「용풍」, 「위풍」을 '변풍'의
시작으로 보지요. 「패풍」의 〈백주〉부터 〈종풍〉까지 5편은 위
(衛) 장공의 아내 장강(莊姜)의 일을 배경으로 하는데, 관련
기록이 기원전 720년(노 은공 3년)에 나옵니다. 여조겸은 기
원전 8세기에 시작된 변풍이 기원전 6세기 〈주림〉에서 마
무리된 것으로 본 것입니다. 그런데 정말 〈주림〉이 변풍의
마지막 작품일까요? 변풍에 속한 작품들의 창작연대를 추
정하기 어려운 만큼, 하나의 가설일 뿐이지요. ⓑ그러면서
"변풍에 왜 남녀, 부부가 등장하는 작품이 많은가", 자문합
니다. 정풍(正風)인 「주남」과 「소남」 25편으로 충분한데…. 이
런 질문을 가정한 것이지요.

　　ⓒ'有天地然後有萬物~有上下然後禮義有所錯'는 정

이천(程伊川, 1033~1107) 선생이『주역』택산함(澤山咸) 괘의 앞에 붙인 주석을 그대로 가져온 것입니다.『주역』에서 택산함은 남녀의 만남, 뇌풍항(雷風恒)은 부부의 도리로 품니다. 여기서 천지 – 만물 – 남녀 – 부부 – 부자 – 군신 – 상하의 선후를 밝히고 있는데요. 아니, 남녀, 부부 사이를 말하면서 왜 천지까지? 이런 의문이 드실 수 있습니다. 동양적 세계관에 의하면 '천지는 만물의 근본이고, 부부는 인륜의 시작'[天地, 萬物之本, 夫婦, 人倫之始]이기 때문입니다. 바로 천지 음양의 두 기운이 만나야 부부가 되고 가족, 사회, 국가가 구성된다는 겁니다. 지금 인구 감소가 심각하고 다양한 정책이 쏟아져 나오고 있지만 별 효과가 없지요. 남녀가 서로 만날 생각이 없으니 어쩔 수 없는 겁니다. 그래서 저는 남성과 여성의 혐오, 갈등을 정말 심각하게 봅니다. 계속 이렇게 가다 보면 어디서 공감과 희망의 연대를 찾을 수 있을까요?

여조겸은 남녀, 부부 사이, 그들의 다양한 감정과 만남이 삶의 중심축이기 때문에 변풍 안에 이런 작품이 많을 수밖에 없다고 합니다. 그렇습니다. 당연한 이치지요.

'삼강'을 말한 부분은 후한 시대『한서』의 저자인 반고(班固, 32~92)의『백호통의』(白虎通義)에 나옵니다. 79년에 편찬했는데요, 당시 군주 장제(章帝, 재위 : 75~88)가 저명한 학자들을 궁 안의 백호관에 불러서 국가 비전을 토론하게 하고, 반고가 그 내용을 정리했습니다. 우리에게는 '삼강'보다 '오륜'이 더 익숙하지요. 맹자는 순임금이 설(契)을 사도로 삼아 백성들에게 오륜을 들어 '인륜'을 가르쳤다고 합니다.

> 사람에게 도리가 있으니 배불리 먹고 따뜻하게 입으며 편안하게 살면서 가르침이 없으면 금수와 차이가 없게 된다. 성인이 또 이것을 근심하여 설을 사도로 삼아 인륜을 가르쳤다. 그것은 부자유친, 군신유의, 부부유별, 장유유서, 붕우유신이다. 『맹자』 「등문공 상」 4장
>
> 人之有道也, 飽食, 煖衣, 逸居而無教, 則近於禽獸.
> 인 지 유 도 야　포 식　난 의　일 거 이 무 교　즉 근 어 금 수
> 聖人有憂之, 使契爲司徒, 教以人倫 : 父子有親,
> 성 인 유 우 지　사 설 위 사 도　교 이 인 륜　부 자 유 친
> 君臣有義, 夫婦有別, 長幼有序, 朋友有信.
> 군 신 유 의　부 부 유 별　장 유 유 서　붕 우 유 신

그런데 여조겸은 '오륜' 중에서도 특히 '삼강'을 기본적인 관계로 거론합니다. '군신', '부자', '부부' 관계인데요. 여기서 더 근본으로 보는 것은 '부부' 이전의 '남녀'이지요. '삼강'의 근본이고 '만사'의 최우선이라고. 『백호통의』의 관련 구절을 읽어 보겠습니다.

군주와 신하, 아버지와 아들, 남편과 아내는 사람을 여섯 가지 역할로 분류하고 있다. '삼강'이라 하는 이유는 무엇인가. 하나의 음과 하나의 양이 도이기 때문이다. 양은 음을 만나서 완전해지고 음은 양을 만나서 질서가 잡히게 되니 강한 것과 부드러운 것이 서로 짝이 된다. 따라서 사람의 여섯 역할이 '삼강'이 된다. 『백호통의』 29편 「삼강육기」(三綱六紀)

君臣, 父子, 夫婦, 六人也, 所以稱三綱何?
군 신 부 자 부 부 륙 인 야 소 이 칭 삼 강 하
一陰一陽謂之道. 陽得陰而成, 陰得陽而序, 剛柔相配,
일 음 일 양 위 지 도 양 득 음 이 성 음 득 양 이 서 강 유 상 배
故六人爲三綱.
고 륙 인 위 삼 강

'일음일양위지도'(一陰一陽謂之道)는 『주역』「계사전」상 5장에 나옵니다. 동양에서 '도'가 무엇이냐고 물을 때의 모범답안이지요. 음양, 이기(二氣)의 운동이 바로 '도'라고. 음과 양은 상대적 관계입니다. '삼강'에서 군주, 아버지, 남편이 양이고 신하, 아들, 아내가 음이지요. '군주는 신하의 벼리가 되고[君爲臣綱], 아버지는 아들의 벼리가 되고[父爲子綱], 남편은 아내의 벼리가 되니까요[夫爲婦綱]'. 하지만 군주는 자식이자 남편이기도 합니다. 신하는 아버지이자 남편이기도 하지요. 아버지는 신하이자 남편이고 아들은 군주이자 아버지이자 남편의 자리에 있기도 합니다.

그래서 여조겸은 남녀의 만남이 '삼강'의 근본이고 만사에서 우선하는 것이라고 합니다. 이 세상 모든 일, 가족, 사회, 국가는 남녀의 만남에서 시작된다는 것이지요.

ⓓ 여기서 여조겸은 열다섯 '국풍'이 정풍과 변풍으로 나뉘는 이유를 말합니다. 「주남」, 「소남」은 '정풍'입니다. 문왕의 교화를 남녀, 부부의 노래에서 확인할 수 있기 때문이지요. 그다음 「패풍」, 「용풍」부터 「회풍」, 「조풍」까지는 변풍입니다. 남녀, 부부 사이에 바르지 못한 것이 있지만 공자님이 징계하고자 하는 뜻으로 남기신 것이지요. 다만 '국풍'의 마지막에 있는 「빈풍」에는 주공의 작품 〈칠월〉, 〈치효〉, 〈동산〉이 포함되어 있어서 특수한 경우에 속합니다. 「빈풍」을 읽을 때 세세히 말씀드리겠습니다.

ⓔ 자, 결론입니다. 변풍에 남녀, 부부의 노래가 많고, 심지어 불륜 스캔들과 중복되는 경우가 있는 것을 의아해 하지 마시라. 남녀가 만나야 부부가 되어 가정을 이루고 그래야 사회, 국가가 유지된다. 남녀의 결합이 없으면 예의, 문화…, 다 논의할 필요조차 없다. 행위의 주체가 없는데, 무슨 소용인가, 만남의 과정, 주고받는 말에 어느 정도 불순함이 섞여 있어도 문제 삼지 말라, 원래 남녀 사이는 그리움과 원망, 어긋남과 격정이 있기 마련이니. 이런 말씀인데, 여기까

지 오니 지금 우리의 인구 격감이 더 걱정됩니다. 남녀 사이
가 너무 냉담해진 것이 아닐까 해서요. 감정이 제거된다면
'기계'가 되었다는 것인데….

조풍
曹風

조 지역의 노래

자, 이제 「조풍」(曹風)을 읽어 볼까요? 조(曹)는 주 무왕이 동생 희진탁(姬振鐸)에 봉해 준 지역으로 문수(汶水)의 남쪽, 제수(濟水) 북쪽 일대입니다. 관련 자료가 『사기』 권35 「관채세가」(管蔡世家)에 부록 형태로 있습니다.

먼저 주 무왕의 형제를 알아볼까요? 문왕과 왕비인 태사(太姒)에게는 10명의 아들이 있었다고 합니다.

무왕과 같은 어머니 형제는 10명이다. 어머니는 태사로 문왕의 정비였다.

맏아들 백읍고, 다음이 무왕 발, 관숙 선, 주공 단, 채숙 도, 조숙 진탁, 성숙 무, 곽숙 처, 강숙 봉, 염계 재의 순서이니 염계 재가 가장 어렸다. 「관채세가」

武王同母兄弟十人. 母曰太姒, 文王正妃也.
무 왕 동 모 형 제 십 인   모 왈 태 사   문 왕 정 비 야
其長子曰伯邑考, 次曰武王發, 次曰管叔鮮,
기 장 자 왈 백 읍 고   차 왈 무 왕 발   차 왈 관 숙 선
次曰周公旦, 次曰蔡叔度, 次曰曹叔振鐸, 次曰成叔武,
차 왈 주 공 단   차 왈 채 숙 도   차 왈 조 숙 진 탁   차 왈 성 숙 무
次曰霍叔處, 次曰康叔封, 次曰冉季載. 冉季載最少.
차 왈 곽 숙 처   차 왈 강 숙 봉   차 왈 염 계 재   염 계 재 최 소

흠, 형제가 많아야 나라도 세우고 기업도 일으키는 걸까요? 대업을 이룬 후에는 왕자의 난도 피할 수 없는 것이고요. 조숙 진탁은 문왕의 여섯번째 아들로 주 무왕의 동모

제(同母弟)였군요.「주본기」에 의하면 무왕이 주(紂)의 군대를 대파하고, 은(殷)의 도성을 장악한 후에 도로를 정비하고 사당과 궁궐을 정돈했다고 합니다. 그 후에 정복자의 위세를 과시하며 도성에 들어갔는데, 이때 진탁은 의장용 수레를 받들고 주공은 큰 도끼, 필공은 작은 도끼를 쥐고 좌우에 서 있었다[武王弟叔振鐸奉陳常車, 周公旦把大鉞, 畢公把小鉞, 以夾武王]고 하네요. 한마디로 희진탁은 건국 공신이지요. 당연히 제후로 봉해졌구요. 하지만 희진탁이 봉해진 조나라는 춘추시대가 되면 점차 힘없는 소국의 처지가 되고 맙니다.

　소국 조나라는 기원전 487년(노 애공 8년), 송 경공의 공격으로 멸망합니다. 마지막 군주 백양(伯陽)은 포로가 되었다가 죽어서 종묘사직 제사조차 끊어졌지요. 조는 진, 노, 정과 동성의 제후국으로 나라는 작았지만 국제회담에 항상 초대받았고 패권국들도 예우를 했는데요. 외교정책의 실패로 멸망을 자초한 것입니다.

　조백 양이 즉위하였는데, 그는 새 사냥을 좋아하였다.
　조의 변방사람 공손강이 새 사냥을 좋아했는데, 흰 기러기를 잡아서 조백에게 바쳤다. 그리고 새 사냥에 대해 이야기를 하니 조백이 기뻐하였다. 그 기회에 나랏일을 묻고는 크게 기뻐하였다.

그를 총애하여 사성으로 삼고 나랏일을 맡겼다. … 공손강
이 조백에게 패권에 대해 말하자 그 말을 따라 패자였던 진
을 배신하고 송나라를 침범했다.

송나라에서 조를 공격했지만 진나라는 도와주지 않았다.

『춘추좌전』 노 애공 7년

及曹伯陽卽位, 好田弋, 曹鄙人公孫彊好弋,
급 조 백 양 즉 위   호 전 익   조 비 인 공 손 강 호 익

獲白鴈, 獻之. 且言田弋之說, 說之, 因訪政事, 大說之,
획 백 안   헌 지   차 언 전 익 지 설   열 지   인 방 정 사   대 열 지

有寵使爲司城以聽政. ....
유 총 사 위 사 성 이 청 정

公孫彊言霸說於曹伯, 曹伯從之, 乃背晉而奸宋,
공 손 강 언 패 세 어 조 백   조 백 종 지   내 배 진 이 간 송

宋人伐之, 晉人不救.
송 인 벌 지   진 인 불 구

쓸쓸하군요. 새 사냥으로 만난 야인에게 국정을 전담시
키고 자신의 나라가 대국이라도 된 양, 성을 쌓는 등 군비 확
장을 하고 대국과 전쟁을 일으키다니. 동성의 제후국이자
패자의 나라였던 진(晉)을 배신했다는 말에 어이가 없습니
다. 조의 가장 든든한 후견국이었는데. 무능한 군주가 자기
과시에 빠져 오판한 결과는 자멸입니다. 자신은 죽고 백성
은 노예가 되고 사직은 무너지고 말았지요. 천운(天運)이 다
하면 어쩔 수 없는 걸까요?

1. 부유蜉蝣

蜉蝣之羽 衣裳楚楚
부 유 지 우 의 상 초 초

하루살이의 날개여,
의상이 선명하구나.

心之憂矣 於我歸處
심 지 우 의 어 아 귀 처

마음의 근심이여,
나에게 돌아와 머물라.

蜉蝣之翼 采采衣服
부 유 지 익 채 채 의 복

하루살이의 날개여,
의복이 화려하구나.

心之憂矣 於我歸息
심 지 우 의 어 아 귀 식

마음의 근심이여,
나에게 돌아와 쉬어라.

蜉蝣掘閱 麻衣如雪
부 유 굴 열 마 의 여 설

하루살이가 뚫고 나오니,
베옷이 눈과 같구나.

心之憂矣 於我歸說
심 지 우 의 어 아 귀 세

마음의 근심이여,
나에게 돌아와 머물라.

「조풍」의 첫번째 시, 〈부유〉입니다. '부유'는 '하루살이'이지요. '하루살이 부'(蜉), '하루살이 유'(蝣)입니다. '하루살이 목숨', '하루살이 정권' 같은 비유가 있지요. 아침에 태어나서 저녁에 죽는 하루살이처럼 '조생모사'(朝生暮死) 하는 처지를 말합니다.

이 시는 무엇을 노래한 시일까요?

이 시는 당시에 작은 즐거움에 빠져서 원대한 생각을 잊은 사람이 있어서 하루살이로 비유하여 풍자한 것이다.

此詩, 蓋以時人有玩細娛而忘遠慮者.
차 시 　 개 이 시 인 유 완 세 오 이 망 원 려 자

故以蜉蝣爲比而刺之.
고 이 부 유 위 비 이 자 지

예상대로 주자는 풍자시로 보는군요. 미래를 생각하지 않고 목전의 향락에 빠진 사람들을 하루살이에 견준 것이라고. 국정을 맡은 사람들이 이 정도 수준이라면 나라가 위험하지요. 백성의 생명은 풍전등화입니다.

① 蜉蝣之羽 衣裳楚楚 心之憂矣 於我歸處

'부유지우'(蜉蝣之羽)는 '하루살이의 날개'입니다. '의상초초'에서 '의상'은 위아래 옷 한 벌이지요. '초초'는 선명한 모습[鮮明貌]입니다. '가시나무 초'(楚)이지만 여기서는 형용사입니다. 위아래 옷이 하루살이 날개처럼 선명하고 아름답다면

눈에 확 띄고 사랑스럽지요.

'심지우의 어아귀처'(心之憂矣 於我歸處). 그런데 그런 사람을 보는 작중 화자의 마음[心]에는 근심[憂]이 가득하군요. '조생모사'의 앞날이 훤히 보이기 때문이지요. 나에게[於我] 돌아와[歸] 쉬기[處]를 바랄 뿐입니다. 쉬라니? 무슨 뜻일까요. 소소한 즐거움에 빠져 헛멋을 부리지 말고 차분히 앞날을 생각하길 바라는 것입니다.

얇고 좋은 옷을 '잠자리 날개'라고 하지요. 요즘은 '명품'이라고 하면 다 통한다고요. 흠, 명품도 알아보는 사람만 알아보고, 걸친 사람이 하질이면 명품도 소용없지요. 이 시에서 멋진 옷을 빼입은 사람을 '멋만 부리는 나의 애인'으로 보셔도 됩니다. 어디에서나 주목받는 애인은 나의 기쁨이자 근심이지요. 제발 나에게 돌아와 차분히 쉬기를!

② 蜉蝣之翼 采采衣服 心之憂矣 於我歸息

'부유지익'(蜉蝣之翼). '날개 우'(羽)가 '날개 익'(翼)이 되었군요. '채채의복'(采采衣服)의 '채채'(采采)는 '화려하게 꾸민 것'[華飾]입니다. 이 사람의 '의상', '의복' 치레가 대단하군요. 확실히 거품 명품족입니다.

'심지우의 어아귀식'(心之憂矣 於我歸息). 이번에는 나에
게 돌아와 머물기[息]를 바라는군요. '숨쉴 식'(息)은 여기서
는 '머묾'[止]입니다. 오래 머무는 것이지요. '식'(息)은 뜻이
많아서 매번 유심히 봐야 합니다. '자식'(子息)은 아들과 딸
을 말하지요. '소식'(消息)은 안부, 편지란 뜻도 있지만 음양
의 변화, 줄어들고 자라나는 것을 말하기도 합니다. 이럴 때
'식'은 '자랄 식'(殖)과 통용되지요. 반대로 '휴식'(休息)이라 하
면 '식'은 '멈춤'이 되지요. 역시 한문 공부는 한자부터! 천천
히 꼼꼼하게.

③ 蜉蝣掘閱 麻衣如雪 心之憂矣 於我歸說

'부유굴열'(蜉蝣掘閱)을 볼까요. 웬일로 주자가 '굴열'에 대해
그 뜻이 '확실하지 않다'[未詳]고 하네요. '팔 굴'(掘), '검열할
열'(閱)인데…. 하루살이는 탈피(脫皮), 변태를 하지요. 그래
서 『모시정의』에서는 '허물을 벗고 땅을 뚫고 나온 것'[掘地
解]으로 보았습니다. '열'에는 '구멍'이란 뜻이 있거든요. 주
자가 '미상'이라고 하면 이전 해석이 마음에 들지 않은 겁니
다. 다만 '미상'이라 하고 자신의 해석을 제시하지 않는 경
우, '마음에 들지는 않지만 일단 받아들인다'가 됩니다. '마

의여설'(麻衣如雪), 막 탈피한 하루살이의 날개가 삼베옷처럼 선명하고 깨끗하군요. 한껏 가벼운 새옷으로 멋을 부리고 나온 애인일까요?

'심지우의 어아귀세'(心之憂矣 於我歸說). 여전히 마음에 근심이 가득하군요. '말씀 설'(說)이 여기서는 '머물러 쉬다'[舍息]이고 음도 '세'입니다.

주자는 〈부유〉를 풍자시로 보았지만 대상을 특정하지는 않았습니다. 「모시서」의 견해가 그럴듯하지만 고증할 수가 없었기 때문이었지요[序以爲刺其君, 或然而未有考也]. 「모시서」에서는 조 소공(召公, 재위 : 기원전 661~653)이 "나라가 작고 큰 나라 사이에 끼여 있는데, 스스로 법도를 지키지 못하고 사치를 좋아하고 소인을 기용하여 장차 의지할 데가 없게 된 것"[昭公國小而迫, 無法以自守, 好奢而任小人, 將無所依焉]을 풍자한 것으로 보았습니다. 군주가 사치하고 소인배에게 국사를 맡기면 정말 답이 없지요.

지금 우리는 멋쟁이 애인을 둔 근심 많은 연인의 노래로 보면 됩니다. 제발 나에게 돌아와 안착하라는. 그래야 내 근심이 사라지고 너도 안정된다고.

2. 후인候人

彼候人兮 何戈與祋
피 후 인 혜　하 과 여 대

저 후인이여,
창과 몽둥이를 메었구나.

彼其之子 三百赤芾
피 기 지 자　삼 백 적 불

저 소인들,
붉은 무릎가리개 삼백 명!

維鵜在梁 不濡其翼
유 제 재 량　불 유 기 익

사다새가 어량에 있으니,
그 날개가 젖지 않네.

彼其之子 不稱其服
피 기 지 자　불 칭 기 복

저 소인들,
입은 옷이 걸맞지 않구나!

維鵜在梁 不濡其咮
유 제 재 량　불 유 기 주

사다새가 어량에 있으니,
그 부리가 젖지 않네.

彼其之子 不遂其媾
피 기 지 자　불 수 기 구

저 소인들,
총애와 어울리지 않는구나!

薈兮蔚兮 南山朝隮
회 혜 울 혜　남 산 조 제

초목이 울창하니,
남산에 구름이 피어오르네.

婉兮孌兮 季女斯飢
완 혜 련 혜　계 녀 사 기

어리고 어여쁜 여자아이,
굶주리는구나!

4장 4구로 된 〈후인〉(候人)입니다. A-B-B′-C
의 형태로, 인용 빈도가 높은 작품입니다. '후인'은 관직의
이름으로 '길에서 손님을 맞이하고 전송하는 관원'[道路迎送
賓客之官]입니다. 1장에는 '후인', 2장과 3장에는 사다새, 4장
에는 '어린 소녀'가 나와서 연결 짓기가 쉽지 않군요. 주자는
1장을 진(晉) 문공(文公, 재위: 기원전 636~628)과 조의 대부 희
부기(僖負羈)의 일화와 관련지어 이렇게 말합니다. "이것은
군주가 군자를 멀리하고 소인을 가까이함을 풍자한 것"[此
刺其君遠君子而近小人之詞]이라고.

〈후인〉 전체를 다시 한번 읽어 보고 풀어 보겠습니다.
이렇게 한 작품 안에 다양한 비유가 나올 때 어떻게 읽어야
할까요? 우선 1장의 '후인'은 유능한 군자입니다. 하지만 난
세를 만나 제대로 된 관직에 오르지 못하고 길에서 손님을
맞이하는 말직에 있지요. 이에 반해 소인배들은 고위직에
올라 화려한 관복[赤芾]을 갖추어 입고 있군요.

① 彼候人兮 何戈與祋 彼其之子 三百赤芾

'피후인혜'(彼候人兮)를 먼저 볼까요? '후인'에서 '후'(候)는 '물
을 후'로 '문후(問候)를 여쭙다'라고 하면 집안 어른께 문안

인사를 드리는 것이지요. 지금은 이런 말이 사라졌나요? '문후'도 카톡으로? 우선 '제후'(諸侯)라 할 때의 '후'(侯)와 구별해 주십시오. '후'(候)에는 '살피다'라는 뜻도 있어서 '기후'(氣候), '척후병'(斥候兵) 같은 단어들이 있습니다.

아무래도 '후인'에 대해 더 알아봐야겠군요.『주례』(周禮)에 의하면 「하관사마」(夏官司馬) 산하의 직책입니다.

후인 : 상사 6인, 하사 12인, 사(史) 6인, 무리 120인

후인은 사방의 길을 관리하고 금령을 관장한다. 사졸을 선발하여 후인을 세운다.

만약 지방에서 다스리는 일로 오는 이가 있으면 그들을 인솔하여 조정에 데려오고 돌아갈 때는 국경까지 호송한다.

候人 : 上士六人, 下士十有二人, 史六人,
후 인　상 사 륙 인　하 사 십 유 이 인　사 륙 인
徒百有二十人.
도 백 유 이 십 인
候人 : 各掌其方之道治與其禁令, 以設候人.
후 인　각 장 기 방 지 도 치 여 기 금 령　이 설 후 인
若有方治, 則帥而致于朝 ; 及歸, 送之于竟.
약 유 방 치　즉 솔 이 치 우 조　급 귀　송 지 우 경

'후인'은 '사마'에 속한 미관말직입니다.『주례』는 천자나라의 제도를 말한 것이니 조나라의 '후인'이라면 120명의 '도'(徒), 사졸(士卒) 중 한 명이겠지요.

'하과여대'(何戈與祋)에서 '어찌 하'(何)는 여기서는 '멜 하'(荷)로 짐이나 가방을 어깨에 메는 것[揭]이지요. 지금 후인은 창과 몽둥이를 메고 있습니다. '창 과'(戈), '창 대'(祋)인데, '대'는 '몽둥이 수'(殳)와 같습니다. 주자는 후인이 창을 메고 있는 것은 당연하다[宜]고 합니다. 본분에 충실한 것이지요.

'피기지자'(彼其之子)에서 '지자'는 '소인'(小人)입니다. 나라도 작은데 '적불'을 한 소인배가 300명이나 되는군요. 소인 세상입니다. '적불'은 '붉을 적'(赤), '슬갑 불'(芾)인데요. '슬갑'(膝甲)은 무릎까지 내려오는, 바지 위에 덧입는 옷이지요. 규정에 의하면 대부 이상만 붉은 슬갑에 수레를 탈 수 있습니다[赤芾乘軒]. 소국 조에 대부가 300명이나 되다니! 이것만 봐도 당시 조나라가 규율이 무너진 소인 세상이라는 것을 알 수 있습니다. 『모시정의』에서는 '후인'을 낮은 직책에 있는 현인 군자(賢人君子)라고 봅니다. 주자도 군주가 군자를 멀리한 것을 풍자했다고 하니, '후인'을 군자로 본 것이지요.

그런데 여기서 주자는 진 문공과 조의 대부 희부기의 고사를 끌어옵니다. 워낙 유명한 사건이니 간략히 언급하고 가겠습니다. 진 문공은 제후가 되기 전에 공자 중이(重耳)로 무려 19년이나 망명객 생활을 하지요. 기원전 637년(노 희공

23년), 중이는 위나라, 제나라를 거쳐 조나라에 갑니다. 이때 조나라 제후 공공(共公, 재위 : 기원전 652~618)이 무례한 짓을 합니다. 중이가 갈비뼈가 붙은 통뼈란 소문이 있었던 모양입니다. 그걸 확인하려고 중이가 목욕할 때 가까이 가서 본 것이지요[及曹, 曹共公聞其駢脅, 欲觀其裸, 浴, 薄而觀之]. 왜 그게 궁금할까요? 한마디로 중이와 그 일행은 조나라에서 푸대접을 넘어 모욕을 받은 겁니다. 그래도 동성의 제후라고 기대를 갖고 간 것인데….

이때 대부 희부기의 아내가 등장합니다. 중이와 그 일행을 보니 분명 진(晉)의 군주가 되고 패자(霸者)가 될 것이다, 그러면 무례했던 자들을 주벌할 텐데, 조나라가 먼저 당할 것이다, 살 방도를 찾아야 한다고 하죠. 희부기는 아내의 말을 잘 따르는 남편이었습니다. 그날 저녁, 밥을 챙겨 보내면서 구슬[璧玉]도 넣어 보냈다고 합니다. 노잣돈에 보태라고. 중이는 음식만 받고 벽옥은 돌려보냈다고 합니다[乃饋盤飧 寘璧焉. 公子受飧反璧]. 희부기 아내의 이야기는 『열녀전』 「인지전」(仁智傳)에 '조희씨처'(曹僖氏妻)로 실려 있습니다.

진 문공은 희부기 아내의 예상대로 훗날 조나라를 공격하여 공공을 잡아 버립니다(기원전 632).

3월 병오일에 진 문공은 조나라 도성으로 들어가서 희부
기를 등용하지 않은 것과 초헌을 타고 다니는 무능한 자들
이 300명이나 있는 것을 꾸짖으며 이렇게 말했다.

"그 대부들의 기록을 보고하라!"

그리고 자신의 군대로 하여금 희부기의 집에 진입하지 못
하게 하여 그의 집안이 화를 면하게 하였으니 지난날의 은
혜를 갚은 것이다. 『춘추좌전』 노 희공 28년

三月, 丙午, 入曹, 數之以其不用僖負羈,
삼 월   병 오   입 조   수 지 이 기 불 용 희 부 기
而乘軒者三百人也, 且曰, '獻狀'. 令無入僖負羈之宮,
이 승 헌 자 삼 백 인 야   차 왈   헌 상   령 무 입 희 부 기 지 궁
而免其族, 報施也.
이 면 기 족   보 시 야

망명객에 대한 호의(따뜻한 밥 한 끼)가 이렇게 크게 돌아
왔군요. 조나라 군주의 경거망동은 수십 배의 재앙이 되었
구요. 이때 진 문공은 조의 땅과 군주 공공을 모두 동맹국 송
나라에 넘겨줍니다. 주자는 문공이 질타한 '수레를 타는 자
300명'[乘軒者三百人]이 〈후인〉의 '삼백적불'이라고 추정했습
니다. 군주의 경거망동, 무능한 대부들의 과시와 사치! 망국
의 길이지요.

② 維鵜在梁 不濡其翼 彼其之子 不稱其服

'유제재량 불유기익'(維鵜在梁 不濡其翼)의 '제'(鵜)는 사다새
입니다.『모시명물도설』에서는 "무리 지어 날기를 좋아하
고 물에 들어가 물고기를 잡아먹기 때문에 '오택'(汙澤)이라
부르기도 한다"고 합니다. 턱 밑에 큰 주머니가 있고요. 그
런 사다새가 물고기가 많은 어량에 있군요. 물고기를 맘껏
먹기 위해서이지요. 그런데 '불유기익'이라고 하네요. '젖을
유'(濡)이니 그 날개가 젖지 않았군요. 어찌 이럴 수 있나요?
사다새가 어량에서 물고기를 잡으려면 물에 들어가야 하고
날개가 젖을 수밖에 없는데.

　　주자는 별도의 설명을 붙이지 않았습니다. 그래서 정조
는 왜『시집전』에는 사다새에 대한 설명이 없느냐고 묻습니
다. 정약용은 이렇게 답합니다.

　　탐학한 새가 거들먹거리며 어량에 앉아서 부리와 날개도
　　적시지 않고 단지 통발의 물고기만을 엿보는 것입니다. 탐
　　학한 사람이 높은 자리에 앉아서 힘든 일은 하지 않고 고관
　　의 조복을 입고 있는 것과 같습니다.「시경강의」(『여유당전서』권17)

　　貪虐之禽, 昂然坐梁, 不濡味翼, 但窺入筍之魚.
　　탐 학 지 금　 앙 연 좌 량　 불 유 미 익　 단 규 입 순 지 어

正如貪虐之人, 嵬然在位, 不親鄙事, 坐享黻冕之貴也.
정 여 탐 학 지 인   외 연 재 위   불 친 비 사   좌 향 불 면 지 귀 야

'피기지자 불칭기복'(彼其之子 不稱其服)에서 '일컬을 칭'(稱)은 여기서는 '걸맞다', '어울리다'입니다. 소인배들이 관복을 차려입고 슬갑을 하고 수레를 타고 거들먹거려도 어울리지 않지요. '목후이관'(沐猴而冠)! 원숭이가 관을 쓴 꼴입니다. 정약용의 말대로 '탐학', 즉 탐욕으로 학정을 일삼는 소인배의 모습은 감출 수 없습니다.

③ 維鵜在梁 不濡其咮 彼其之子 不遂其媾

'유제재량 불유기주'(維鵜在梁 不濡其咮). 이번에는 어량에 있는 사다새의 부리[咮]가 젖지 않았군요. 직접 물고기를 잡아먹는다면 이럴 수 없지요. '주'(咮)는 '부리'입니다. 무위도식(無爲徒食)의 기회만 엿보는 소인배들이지요.

'피기지자 불수기구'(彼其之子 不遂其媾)에서 '이룰 수'(遂)는 여기서는 '적합하다'[稱]입니다. '화친할 구'(媾)는 '혼구'(婚媾)가 되면 '혼인'(婚姻)이고, 결혼 상대자입니다. 여기서는 '총애'[寵]로 군주에게 특혜를 받지만 그에 어울리지 않는다는 겁니다. 안목이 없는 군주가 가까이 두는 사람들이니 오

죽하겠어요.

④ 薈兮蔚兮 南山朝隮 婉兮變兮 季女斯飢

〈후인〉의 마지막 장에는 '계녀'(季女)가 나옵니다. 그것도 굶
주린. '회혜울혜 남산조제'(薈兮蔚兮 南山朝隮). '회'와 '울'은 초
목이 무성한 모습[草木盛多之貌]으로 '무성할 회'(薈)와 '무성
할 울'(蔚)입니다. 남산은 곳곳에 있지요. '조제'는 아침에 구
름 기운이 위로 올라가는 것[雲氣升騰]입니다. 초목이 울창
한 남산의 아침에 구름이 피어오르는군요. '제'(隮)는 '오를
제'인데 특히 높은 곳으로 올라갈 때 씁니다.

　　주자는 〈후인〉의 1~3장은 '흥'(興)이지만 4장은 '비'(比)라
고 했습니다. '흥'은 A를 보고 B가 생각나서 감흥이 일어나
는 것이지요. '비'는 직접 비유하는 것이고요. 주자의 시 해
석에는 '비'보다는 '흥'이 압도적으로 많습니다. 그런데 여기
에서는 바로 '비'라고 하면서 이렇게 말합니다. '회울조제'는
소인이 많아서 그들의 기염이 성대한 것을 말한 것이다[言小
人衆多而氣餡盛也]. 운동 경기를 보면서 오늘 저 팀이 기염을
토한다고 하는데, 여기서는 소인배들의 기세가 등등한 것입
니다. 울창한 남산에 솟아오르는 구름처럼.

'완혜련혜 계녀사기'(婉兮孌兮 季女斯飢)의 '완'(婉)은 어린 모습[少貌]이고, '련'(孌)은 아름답고 예쁜 모습[好貌]입니다. '예쁠 완'(婉), '아름다울 련'(孌)인데, 10대의 어린 소녀에게 쓰는 단어입니다. '계'(季)는 '막내 계'로, '계녀'는 막내딸이지요. 장녀(長女), 중녀(仲女), 계녀…. 50여 년 전만 해도 할머님들이 이렇게 말씀하셨지요. "내가 김씨 집안의 귀한 계녀로 태어나 아버님, 오라버니의 사랑을 독차지하고 자라다가 이 집안으로 시집와서…." 하지만 여기서 '계녀'는 나이 어린 소녀(少女)입니다. 그런데 왜 이 소녀가 굶주릴까요?

소녀가 어리고 예쁘며 스스로 몸을 지켜서 망령되이 남을 따르지 않아 도리어 굶주리고 곤궁한 처지가 되었다. 이것은 현자가 도를 지키다가 도리어 빈천해짐을 말한 것이다.

季女婉孌自保, 不妄從人, 而反飢困,
계 녀 완 련 자 보   불 망 종 인   이 반 기 곤
言賢者守道而反貧賤也.
언 현 자 수 도 이 반 빈 천 야

'계녀사기'의 '계녀'는 '군자'를 비유한 것이군요. 소인배 세상에서는 '군자'도 '어린 소녀'도 모두 굶주리지요. 정조도 '군자가 도를 지켜 빈천한 것을 비유한 것'[喩君子守道貧賤也]이라고 봅니다. 군주가 소인배들을 가까이하고, 그들의 기

세가 등등한 본말전도(本末顚倒)의 타락한 세상입니다. 군자와 '계녀'가 버림받고 굶주릴 수밖에 없지요. 마음이 아프군요.

3. 시구鳲鳩

鳲鳩在桑 其子七兮
시 구 재 상 기 자 칠 혜

淑人君子 其儀一兮
숙 인 군 자 기 의 일 혜

其儀一兮 心如結兮
기 의 일 혜 심 여 결 혜

鳲鳩在桑 其子在梅
시 구 재 상 기 자 재 매

淑人君子 其帶伊絲
숙 인 군 자 기 대 이 사

其帶伊絲 其弁伊騏
기 대 이 사 기 변 이 기

鳲鳩在桑 其子在棘
시 구 재 상 기 자 재 극

淑人君子 其儀不忒
숙 인 군 자 기 의 불 특

其儀不忒 正是四國
기 의 불 특 정 시 사 국

뻐꾸기 뽕나무에 있으니,
새끼가 일곱이네.

올바른 군자여,
언행이 한결같구나.

언행이 한결같으니,
마음이 단단하리.

뻐꾸기 뽕나무에 있는데,
새끼들은 매화나무에.

올바른 군자여,
띠가 흰 실이구나.

띠는 흰 실인데,
고깔은 검푸르네.

뻐꾸기 뽕나무에 있는데,
새끼들은 가시나무에.

올바른 군자여,
언행에 어긋남이 없구나.

언행에 어긋남이 없으니
천하를 바로잡으리.

鳲鳩在桑 其子在榛
시 구 재 상 기 자 재 진

뻐꾸기 뽕나무에 있는데,
새끼들은 개암나무에.

淑人君子 正是國人
숙 인 군 자 정 시 국 인

올바른 군자여,
국인을 바르게 하네.

正是國人 胡不萬年
정 시 국 인 호 불 만 년

국인을 바르게 하니,
어찌 영원한 복을 누리지 않으리.

　　　　4장 6구로 된 〈시구〉를 읽겠습니다. '시구'는 뻐꾸기입니다. 뻐꾸기는 뒷산에서 흔히 볼 수 있는데, '뻐꾹 뻐꾹 꾸꾸루룩'하는 울음소리가 정겹습니다. 그런데 그 울음소리가 봄철 농사일에 바쁜 농부의 귀에는 '씨[穀] 뿌려라[布], 씨 뿌려라!'로 들린 모양입니다. 그래서 뻐꾸기의 다른 이름이 바로 '포곡'(布穀)입니다. 둥지를 만들지 않고 탁란(托卵)하지요. 그래서 「소남」〈작소〉(鵲巢)에서는 '까치가 지은 집에 산비둘기, 뻐꾸기가 와서 산다'고 했지요. 여기서 까치는 신랑이고 뻐꾸기는 신부입니다.

　　주자는 뻐꾸기의 육아법에 대해 이렇게 말합니다.

　　새끼들에게 먹이를 줄 때에 아침에는 위에서 아래로 내려오고, 저녁에는 아래에서 위로 올라가 똑같이 균일하게 먹인다.

飼子, 朝從上下, 暮從下上, 平均如一也.
포 자　조 종 상 하　모 종 하 상　평 균 여 일 야

　세심하셔라! 뻐꾸기의 육아법을 세심히 관찰하셨군요.
아침에는 위에서 아래로 주고, 저녁에는 아래에서 위로 준
다네요. 아마도 '골고루 먹인다'는 의미겠지요? 뻐꾸기에 대
한 오래된 이미지가 첫번째, '봄이 오면 부지런히 씨를 뿌리
라고 울어 준다!'는 것이고, 두번째, '새끼들을 키울 때 먹이
를 골고루 먹여 준다!'는 것이군요. 지금의 우리에게는 모두
낯설지요. 주자는 이 작품을 '시인이 군자의 마음 씀씀이가
전일하여 골고루 베풀어 주는 것을 찬미한'[詩人, 美君子之用
心均平專一] 노래로 보았습니다. 자, 이제 한 장씩 자세히 살
펴보도록 하겠습니다.

① 鳲鳩在桑 其子七兮 淑人君子 其儀一兮
　　其儀一兮 心如結兮

'시구재상 기자칠혜'(鳲鳩在桑 其子七兮)를 볼까요? '뻐꾸기
시'(鳲), '비둘기 구'(鳩)로 '시구'는 뻐꾸기입니다. 지금 뻐꾸기
가 뽕나무[桑]에 있는데, 새끼가 일곱이군요. 물론 직접 만든

둥지는 아닙니다. 그런데 새끼를 골고루 먹여 모두 건강하게 키우는군요. 현명한 엄마네요.

정말 뻐꾸기가 이렇게 육아의 달인일까요? 팩트 체크 해보겠습니다. 뻐꾸기 암컷은 1개 둥지에 1~3개씩, 이곳저곳에 모두 10~20개의 알을 낳는다고 합니다. 자기 새끼인 줄 알고 품은 가짜 엄마의 힘으로 부화한 새끼들은 다른 엄마가 주는 먹이를 20~23일간 받아먹은 뒤 둥지를 떠납니다. 하지만 둥지를 떠난 뒤에도 7일 동안은 가짜 어미로부터 먹이를 계속 받아먹는다니 치밀하지요. 더구나 뻐꾸기 새끼들은 부화한 지 1~2일 사이에 같은 둥지 안에 있는 가짜 엄마의 알과 새끼를 둥지 밖으로 떨어뜨리고 둥지를 독차지한다니 으스스하기까지 합니다. 그럼, 자기 새끼인 줄 알고 정성껏 새끼들을 골고루 먹이고 있는 엄마는 뭐가 됩니까? '시'를 읽으실 때 '조수초목'(鳥獸草木)의 생태에 관해 너무 팩트 체크하시면 이미지가 깨질 때가 있지요. 당시 사람들의 눈에는 뻐꾸기가 7명의 새끼를 골고루 양육하는 공평하고 현명한 새로 보였으니까요.

'숙인군자 기의일혜'(淑人君子 其儀一兮)에서 '숙인군자'는 「소아」〈고종〉(鼓鐘)에도 나옵니다. '숙인'(淑人)은 '착한 사람'이지요. 하지만 여기서는 '올바르다'는 뜻입니다. 물론 착한 사람이 올바르게 살지요. '기의일혜'의 '거동 의'(儀)는 '위의'(威儀)인데, '언행', 즉 '말하고 행동하는 몸가짐'을 말합니다. '일'(一)은 '여일'(如一)로 한결같은 것이지요.

　'기의일혜 심여결혜'(其儀一兮 心如結兮)에서 '심여결혜'는 마음이 '여결'하다는 뜻이죠. 다시 말해 '마음이 굳게 결속되어 흩어지지 않는 것'이니, 단단하고 굳센 것입니다. 뻐꾸기가 새끼들을 키우는 모습을 보고 위의가 한결같은 '숙인군자'를 연상하고 찬미한 것이지요. 실상과는 별개로.

② 鳲鳩在桑 其子在梅 淑人君子 其帶伊絲
　其帶伊絲 其弁伊騏

'시구재상 기자재매'(鳲鳩在桑 其子在梅)는 1장과 한 글자만 다르네요. 어미 뻐꾸기는 여전히 뽕나무[桑]에 있는데, 새끼들이 매화나무에 있군요. 새끼들이 커서 날아간 것이지요. 골고루 잘 먹여 키운 덕이겠지요. 그래도 어미 새는 옮겨 가지 않는군요[母常不移]. 뻐꾸기의 생리를 보면 어미가 뽕나무에 앉아서 매화나무, 가시나무 등 이곳저곳에서 자라고 있는 새끼들을 바라보고 있는 것일 수도 있지요. 흐뭇하게…. 다른 새의 힘으로 잘 자랐으니까요. 하지만 〈시구〉에서는 그렇게 보지 않습니다. 어미가 애써서 고르게 먹여 키운 덕분이라는 것이지요.

'숙인군자 기대이사'(淑人君子 其帶伊絲). 이번에는 '띠 대'(帶)를 말하는군요. 여기서 '대'는 '큰 띠'[大帶]로 관복에 두르는 겁니다. '큰 띠'는 '흰 실'로 만들고 여러 색깔로 장식합니다. 지금 '숙인군자'는 언행에 변함이 없고, 옷차림도 어긋남이 없습니다. '흰 실'로 짠 대를 품위 있게 하고 있으니까요.

'기대이사 기변이기'(其帶伊絲 其弁伊騏). '큰 띠'를 흰 실로 했다면 '피변'(皮弁)은 어떨까요? '변'(弁)은 '고깔 변'으로 천자부터 모든 관료들이 쓰는 '가죽 모자'[皮弁]인데요, 지금 이 사람이 쓴 피변은 검푸른 색[騏]입니다. '기'(騏)는 원래 '푸르고 검푸른 무늬가 있는 말'[馬之靑黑色者]인데요, 지금은 '피변'의 색이 그렇다는 겁니다. 그럼, 왜 이런 말을 할까요? 덕이 높은 '숙인군자'가 띠뿐 아니라 피변도 법도에 맞게 입었다는 겁니다. 여러 가지로 모범이 될 만한 인물이지요.

③ 鳲鳩在桑 其子在棘 淑人君子 其儀不忒
　　其儀不忒 正是四國

'시구재상 기자재극'(鳲鳩在桑 其子在棘). 어미 뻐꾸기는 뽕나무에 있는데, 새끼들이 가시나무로 날아갔군요. '극'(棘)은 '가시나무 극'입니다.

'숙인군자 기의불특'(淑人君子 其儀不忒). '변할 특'(忒)으로 '불특'은 어긋남이나 변함이 없는 것이지요. 숙인의 언행이 반듯하군요.

'기의불특 정시사국'(其儀不忒 正是四國)을 보면 '숙인군자'의 영향력이 대단하군요. '사국'(四國)은 네 개의 나라가 아니라, 사방의 나라, 즉 천하를 말합니다. 제후국이라면 '사국'은 '온 나라'가 되겠지요. '정'(正)은 '바로잡는다'입니다. 과연 '바로잡는다'는 것은 어떤 의미일까요? 관료를 포함한 지배층이 반듯한 언행을 실천하면 백성들이 이를 본받아 따라하는 거지요. 백성들을 일일이 따라다니며 바로잡아 줄 수 없으니 지배층이 '제대로 사는 모습'을 보여 주어 자연스럽게 교화하고 풍속을 바꾸는 것이지요.

이 구절은 『대학』의 「전」(傳) 9장에 인용되는데요, 읽어 볼까요?

『시』에서 말하였다.

"언행에 어긋남이 없으니 천하를 바로잡으리"라고 하였으니, 그 아버지와 아들, 형제 된 자가 본받을 만한 뒤에야 백성들이 본받는 것이다.

이를 일러 "나라를 다스리는 것이 그 집안을 가지런하게 하는 데 있다"고 하는 것이다.

詩云 : "其儀不忒, 正是四國", 其爲父子兄弟,
시 운　　기 의 불 특　정 시 사 국　　기 위 부 자 형 제
足法而后, 民法之也. 此謂治國, 在齊其家.
족 법 이 후　민 법 지 야　　차 위 치 국　　재 제 기 가

『대학』은 생각과 언행의 선후, 본말을 강조하는 책이지요. '수신제가치국평천하'! 역시 '치국'은 '제가'의 수준에 달려 있군요. '삼강'에서도 부모, 군주, 남편이 먼저 모범이 되어야 자식, 신하, 아내가 존경하고 따른다고 하지요. 군주는 '바람'[風]이고 백성은 '풀'[草]로 바람이 불면 풀은 눕는다[君子之德風, 小人之德草. 草上之風, 必偃. 『논어』「안연」]고 하는데, 무조건 위에서 아래로 강요, 강제하는 것이 아닙니다. 어디까지나 바람처럼 자연스럽게 불어야지요. 나의 수신의 결과 내면에서 불어오는 바람이랍니다.

④ 鳲鳩在桑 其子在榛 淑人君子 正是國人
　　正是國人 胡不萬年

'시구재상 기자재진'(鳲鳩在桑 其子在榛). 이번에는 새끼들이

개암나무[榛]로 갔군요. '개암나무 진'(榛)입니다. '숙인군자 정시국인'(淑人君子 正是國人). 언행에 어긋남이 없으니 '국인', 나라 사람들을 바로잡을 수 있지요. '수신'이 되어야, '제가'도 '치국'도 가능하니까요. 유능하면 된다고요? 저도 한때 그렇게 생각했습니다. 도덕적 잣대를 엄격하게 들이대면 누가 정치할 자격이 있겠냐고요. 하지만 아닙니다. 공적 가치를 무시하는 비윤리적 사람에게 국정을 맡기면 한순간에 모든 것이 무너져 내리지요.

'정시국인 호불만년'(正是國人 胡不萬年)에서 '호불만년'은 숙인군자가 오래 살기를 원하는 말[願其壽考之詞]이지요. '호'(胡)는 '어찌 호'로 '어찌 만년을 누리지 않겠는가'라는 축수(祝壽)라고 보시면 됩니다.

〈시구〉의 '숙인군자'는 『예기』, 『순자』, 『한시외전』 등에 인용문이 있습니다. 여기서는 4장을 인용한 『한시외전』을 보겠습니다. 역시 '수신'에 관한 내용입니다.

옥은 다듬지 않으면 그릇이 될 수 없고 사람은 배우지 않으면 언행이 완성되지 않는다.
집안에 천금 값어치의 옥이 있어도 다듬을 줄 모르면 여전히 가난하게 산다. 뛰어난 기술자가 다듬어야 부유함이 자

손에까지 미칠 것이다.

군자는 이것을 잘 도모하면 나라를 다스리는 데 쓸 수 있다. 그러므로 그가 나랏일을 하면 백성이 편안하고 국정을 논의하면 백성들의 수명이 연장된다.

『시』에서 이렇게 말하였다. "올바른 군자여, 국인을 바르게 하네. 국인을 바르게 하니, 어찌 영원한 복을 누리지 않으리." 『한시외전』 권2

玉不琢, 不成器 ; 人不學, 不成行. 家有千金之玉,
옥 불 탁 불 성 기   인 불 학 불 성 행   가 유 천 금 지 옥
不知治, 猶之貧也 ; 良工宰之, 則富及子孫.
부 지 치 유 지 빈 야   량 공 재 지   즉 부 급 자 손
君子謀之, 則爲國用. 故動則安百姓, 議則延民命.
군 자 모 지   즉 위 국 용   고 동 즉 안 백 성   의 즉 연 민 명
『詩』曰 : "淑人君子, 正是國人 ; 正是國人, 胡不萬年."
시 왈   숙 인 군 자 정 시 국 인   정 시 국 인 호 불 만 년

인상여의 완벽(完璧) 일화로 유명한 '화씨지벽'(和氏之璧)도 원래는 '박옥'(璞玉)이었지요. 전문가의 세공으로 보배가 된 것입니다. 수신, 학문 연마에 힘쓰는 군자의 힘, 영향력이 큽니다. 무엇보다 민생 안정이 우선이지요.

4. 하천下泉

冽彼下泉 浸彼苞稂
열 피 하 천　침 피 포 랑

차가운 샘물 흘러,
저 가라지 포기 적시는구나.

愾我寤嘆 念彼周京
희 아 오 탄　염 피 주 경

잠에서 깨어 한숨 쉬며,
주나라 서울 그리노라.

冽彼下泉 浸彼苞蕭
열 피 하 천　침 피 포 소

차가운 샘물 흘러,
저 쑥 덤불 적시는구나.

愾我寤嘆 念彼京周
희 아 오 탄　염 피 경 주

잠에서 깨어 한숨 쉬며,
주나라 서울 그리노라.

冽彼下泉 浸彼苞蓍
열 피 하 천　침 피 포 시

차가운 샘물 흘러,
저 시초풀 적시는구나.

愾我寤嘆 念彼京師
희 이 오 탄　염 피 겨 사

잠에서 깨어 한숨 쉬며,
주나라 서울 그리노라

芃芃黍苗 陰雨膏之
봉 봉 서 묘　음 우 고 지

무성한 기장 싹이여!
단비가 적셔 주는구나.

四國有王 郇伯勞之
사 국 유 왕　순 백 로 지

천하에 왕이 계시고,
순백이 수고하셨네.

「조풍」의 마지막 작품, 〈하천〉입니다. 우선 소리 내어 읽어 볼까요? A-A'-A"-B로 되어 있군요. 차가운 샘물과 풀들, 탄식하는 화자가 나옵니다. 주자는 이렇게 말합니다.

'비'(比)하고 '흥'(興)한 것이다. … 주나라 왕실이 쇠약해져 약소국의 처지가 곤궁하였다. 그러므로 차가운 샘물이 아래로 흘러 무성히 자란 가라지가 해를 입은 것에 비유하고 마침내 한숨 쉬며 주나라 서울을 생각하는 감정을 일으킨 것이다.

比而興也. … 王室陵夷, 而小國困弊. 故
비 이 흥 야　　　왕 실 능 이　이 소 국 곤 폐　　고
以寒泉下流而苞稂見傷爲比, 遂興其愾然以念周京也.
이 한 천 하 류 이 포 랑 견 상 위 비　수 흥 기 희 연 이 염 주 경 야

각 장의 앞 2구는 '비', 뒤의 2구는 '흥'으로 본 것입니다. 당시 조나라의 상황을 노래한 것이라면 '흥'이 아니라 직접 말하는 '부'(賦)가 아닌가? 이런 생각도 듭니다. 하지만 시 독법은 개인 편차가 있지요. 우선은 주자의 독법을 따라갑시다.

① 冽彼下泉 浸彼苞稂 愾我寤嘆 念彼周京

'열피하천 침피포랑'(冽彼下泉 浸彼苞稂)의 첫 글자 '찰 렬'(冽)은 매서울 정도로 차거나 추운 겁니다. '찰 렬'(洌)과 동자인데요. '열천'(冽泉)은 찬 샘이고, '늠렬'(凜冽)은 살을 에듯이 추운 것입니다. 여기서는 차가운 샘물이 아래로 흘러 내려가는군요. '침피포랑'에서 '침'(浸)은 '적시다', '포'(苞)는 '풀이 모여 난 것'[草叢生]입니다. '랑'(稂)은 '강아지풀 랑'인데요. 이 시에서는 길가의 강아지풀이 아니고 가라지[莠]입니다. 줄기와 잎은 조와 비슷하고 이삭은 강아지풀과 비슷하지요. 주자는 차가운 샘물이 흘러 내려가 가라지를 해친다[見傷]는 것으로 소국의 어려움을 비유했다고 했는데요. 가라지가 냉해를 입듯이 소국의 피해가 큰 것이지요.

　'희아오탄 염피주경'(愾我寤嘆 念彼周京)의 '희'(愾)는 원래 '성낼 개'인데, 여기서는 탄식하는 소리[歎息之聲]로 음도 '한숨쉴 희'입니다. '오'(寤)는 '잠을 깨다'이고 '탄'(嘆)은 '탄식하다'이니, 지금 이 사람은 잠에서 깨어 나라 걱정으로 탄식하는군요. '염피주경'에서 '주경'(周京)은 주나라의 수도, 즉 천자가 있는 곳입니다. 왜 탄식할까요? 아무리 생각해도 힘없는 조나라를 도울 사람은 천자 이외에 없는데, 지금은 그

걸 기대할 수 없기 때문이지요. 더구나 조나라는 무왕이 동생 진탁에게 봉해 준 동성의 제후국으로 주 천자에 대한 기대가 더 컸습니다. 국력은 약했지만 엄연한 제후국으로 국제회담에 빠짐없이 참석해서 자기 목소리를 냈지요. 하지만 이제 그것도 어렵게 됐습니다.

봉건제는 천자의 권한이 강해야 제대로 작동됩니다. 천자가 제후들의 조회, 조공을 받고, 제후들의 분쟁을 감시하지요. 제후국이 강하다고 해서 힘없는 나라를 멋대로 정벌할 수 없었습니다. 적어도 서주(西周) 시대에는…. 서융의 공격으로 유왕이 죽고 낙양으로 동천한 이후, 춘추시대에는 모든 것이 달라졌지요.

이에 관한 『논어』 한 구절을 읽고 가겠습니다.

공자가 말했다.

천하에 도가 있으면 예악과 정벌이 천자로부터 나오고, 천하에 도가 없으면 예악과 정벌이 제후에게서 나온다.

제후에게서 나오면 대개 10세대 만에 권세를 잃지 않는 이가 드물고, 대부에게서 나오면 5세 만에 권세를 잃지 않는 이가 드물며, 배신(陪臣)이 정권을 잡으면 3세 만에 권력을 잃지 않는 이가 드물다. 천하에 도가 있으면 권력이 대부

에게 있지 않다. 천하에 도가 있으면 서인이 정치를 논하

지 않는다. 「계씨」 2

孔子曰 : "天下有道, 則禮樂征伐自天子出 ;
공자왈　　천하유도　즉례악정벌자천자출
天下無道, 則禮樂征伐自諸侯出.
천하무도　즉례악정벌자제후출
自諸侯出, 蓋十世希不失矣 ; 自大夫出,
자제후출　개십세희불실의　자대부출
五世希不失矣 ; 陪臣執國命, 三世希不失矣.
오세희불실의　배신집국명　삼세희불실희
天下有道, 則政不在大夫. 天下有道, 則庶人不議."
천하유도　즉정부재대부　천하유도　즉서인불의

그렇습니다. 공자는 봉건제를 옹호했지요. 이 세상에 천
자라는 중심점이 있어야 안정된다고 생각한 겁니다. 하지만
춘추시대는 이미 패자에게 권력이 넘어간 시대이지요. 제
환공, 진 문공의 시대, 작은 제후국들은 장기판의 졸 신세였
습니다. 오라면 오고 앉으라면 앉을 수밖에 없는 딱한 처지
였지요. 진 문공은 개인적 원한을 빌미로 조나라 군주와 영
토를 다른 나라에 선물로 주었는데요. 은원(恩怨)을 이런 식
으로 풀면, 분쟁과 전쟁은 끝이 없습니다.

패자의 시대, 천자의 나라 주(周)는 일개 소국이 되어 아
무런 목소리를 내지 못했지요. 제 환공, 진 문공의 도움이 없
으면 나라를 유지할 형편도 못 되었으니까요. 만성 적자에
허덕이며 제후들에게 재정 지원을 부탁했답니다. 공자의 시

대에는 제후국의 권력이 대부 집안으로 넘어가서 대부의 가신들이 좌지우지하지요. 노의 경우 삼환씨 중 계손씨가 권력을 잡았지만, 가신 양화가 등장했으니까요.

② 冽彼下泉 浸彼苞蕭 愾我寤嘆 念彼京周

'열피하천 침피포소'(冽彼下泉 浸彼苞蕭). 이번에는 차가운 샘물이 '포소'(苞蕭)를 적시는군요. '소'(蕭)는 '산쑥 소'인데, 『시경』에는 '쑥 봉'(蓬), '쑥 애'(艾), '쑥 평'(苹), '쑥 호'(蒿), '쑥 루'(蔞) 등 쑥에 해당하는 글자가 여럿입니다. 나올 때마다 적절히 풀 수밖에 없답니다. '소'는 '산쑥'으로 제사에서 태워서 향을 내는 쑥입니다.

'희아오탄 염피경주'(愾我寤嘆 念彼京周)에서 '경주'(京周)는 '주경'과 같습니다. 천자가 있는 곳, 춘추시대에는 낙양이지요.

③ 冽彼下泉 浸彼苞蓍 愾我寤嘆 念彼京師

'열피하천 침피포시'(冽彼下泉 浸彼苞蓍). '시'(蓍)는 '시초'이지만 여기서는 쑥과 비슷한 식물을 말합니다. 시초점(蓍草占)

을 치는 시초는 천년을 살고 줄기가 300개라고 합니다.

'희아오탄 염피경사'(愾我寤嘆 念彼京師)에서 경사(京師)는 '주경'(周京)과 같습니다. 「대아」〈공류〉(公劉)를 보면 '경사지야'(京師之野)라는 구절이 있습니다. 주나라의 시조는 후직(后稷)인데요, 후직의 증손 공류가 '빈'(豳)에 자리를 잡을 때 '경사', '산이 높아 많은 사람이 거주할 만한 곳'[高山而衆居]을 택했다고 합니다. '서울 경'(京)은 '높은 언덕'[高丘]이고 '스승 사'(師)는 '많은 사람'[衆]으로 이후 군주의 도읍지를 '경사'라고 했지요. 우리는 '경사'가 나오면 주로 '서울'이라고 번역합니다.

④ 芃芃黍苗 陰雨膏之 四國有王 郇伯勞之

1~3장과 다르군요. '봉봉서묘 음우고지'(芃芃黍苗 陰雨膏之)는 「소아」〈서묘〉(黍苗) 1장의 첫 2구이기도 합니다. 시의 분위기도 비슷한데요. '봉'(芃)은 '풀 무성할 봉'으로, '봉봉'은 '무성하고 아름다운 모습'입니다. '서'(黍)는 기장, '묘'(苗)는 싹이지요. 지금 기장 싹이 무성히 자라고 있군요. '음우고지'에서 '음우'(陰雨)는 '적당히 내리는 좋은 비'를 말합니다. '살찔 고'(膏)는 '기름을 바른 듯 윤기가 나는 것'인데, 비를 맞은

작물들이 윤이 나면서 부쩍 자라는 것이지요. '음우'(陰雨), '고택'(膏澤) 같은 단어는 왕의 은혜를 표현하는 단어들입니다.

'사국유왕 순백로지'(四國有王 郇伯勞之)라고 했는데, 여기서 천하의 왕은 누굴까요? 바로 천자입니다. 지금은 무력하기 짝이 없는. '순백'은 누구일까요? '나라이름 순'(郇), '맏백'(伯)으로 천자가 순 땅에 봉한 제후일 텐데, 문왕의 아들로 '순후'(郇侯)가 있었다고 하고(『춘추좌전』 노 희공 24년), 『설문해자』에서는 '순은 주 무왕 아들의 봉국'(郇 : 周武王子所封國)이라고 나옵니다. '순'은 춘추시대에는 '진'(晉)의 영역이었습니다.

결국 여기서 '순백'은 문왕의 아들로 무왕이 조나라에 봉한 조진탁일 수도 있겠다는 생각이 듭니다. 한때 조나라 제후는 방백(方伯)으로 천자의 일을 보필했는데, 지금은 그렇지 못한 것을 상심하는 겁니다[四國旣有王矣, 而又有郇伯以勞之, 傷今之不然也]. 화려했던 과거를 그리워하는 것이지요. 이렇게 〈하천〉을 다 읽었습니다.

주자는 말미에 정이천(程伊川, 1033~1107)과 진순(陳淳, 1159~1223)의 글을 첨부했네요. 분량이 길지만 나누어서 읽겠습니다. 숨을 고르고 시작해야겠군요.

정자가 말했다.

『주역』의 박괘는 모든 양이 없어져 이미 다하고 홀로 상구한 효만이 남아 있으니 이는 마치 큰 과일이 먹힘을 당하지 않아서 다시 생겨날 이치가 있는 것과 같다. 상구도 변하면 순음이 된다.

그러나 양은 다하는 이치가 없으니 위에서 변하면 아래에서 생겨나서 한순간도 쉼을 허용하지 않는다. 음도가 지극히 성할 때에는 그 혼란함을 알 수 있으니, 혼란이 극에 달하면 스스로 마땅히 다스려지기를 생각한다.

그러므로 여러 사람들의 마음이 군자를 떠받들기를 원하니 이는 '군자가 수레를 얻은 것'이다. 『시경』의 〈비풍〉, 〈하천〉이 '변풍'의 마지막에 있는 이유이다.

程子曰 : "易剝之爲卦也,
諸陽消剝已盡, 獨有上九一爻尙存, 如碩大之果不見食,
將有復生之理, 上九亦變, 則純陰矣. 然陽無可盡之理,
變於上則生於下, 無間可容息也.
陰道極盛之時, 其亂可知, 亂極則自當思治.
故衆心願戴於君子, '君子得輿'也. 詩'匪風', '下泉',
所以居變風之終也.

『주역』'산지박'(山地剝 : ☶) 괘의 상구효에 붙인 정이천 선생의 전을 옮겼군요. 박괘의 모양을 봐 주세요. 맨 아래 초육부터 육오까지 다섯 효가 음(--)입니다. 맨 위의 하나만 양(一)이죠. 그래서 음이 양을 '소박'(消剝), 없애고 있다고 하는 것이지요.

상구의 효사를 볼까요?

상구는 큰 과일이 먹히지 않은 것이니, 군자는 수레를 타고, 소인은 집을 허문다.

上九 : 碩果不食, 君子得輿, 小人剝廬.
상 구   석 과 불 식   군 자 득 여   소 인 박 려

『주역』에 익숙하지 않으신 분들은 이게 뭔 소린가 하실 텐데요. 자연의 법칙은 음과 양의 순환이지요. 음양의 이치에서 음의 기운이 점점 강해져서 상구에 양이 하나 남은 상황이 되면 반전이 일어날 수밖에 없지요. 그래서 혼란을 견딜 수 없는 백성들이 군자를 추대하여 수레를 태우게 됩니다. 오만에 빠진 소인들은 자신들의 집까지 차 버리게 되지요.

『주역』에서는 산지박 괘 다음에 지뢰복(地雷復 : ☳) 괘가 나옵니다. 신영복 선생님의 『담론』 마지막 글이 '희망의 언

어 석과불식'입니다. 엽락(葉落), 체로(體露), 분본(糞本)으로
이어지는 글을 읽다 보면 숙연해집니다. 이렇게 이런 마음
으로 나이 들어가야 하는데…. 반성하고 성찰하게 됩니다.
일독을 권합니다.

그런데 정이천 선생이 「회풍」(檜風)의 마지막 작품인 〈비
풍〉(匪風)과 「조풍」의 마지막 작품 〈하천〉을 산지박 괘의 상
구와 연관한 이유는 무엇일까요? 〈비풍〉에서도 힘없는 소
국의 비애, 주나라 천자에 대한 기대가 나오지요. 주나라로
가는 길을 바라보며 마음 깊이 슬퍼합니다(『시경 강의』 3, 44
쪽). 천자를 보필할 현인을 갈구하지요. 〈하천〉에서도 '음우'
가 내리고 '순백'이 보필하던 태평성대를 그리워합니다. '변
풍'의 마지막에 이르면 변란에 지친 사람들이 '군자를 수레
에 태울 것', 현자의 등장을 열망하기 마련이라는 겁니다. 그
리고 이것이 당연한 이치라고….

진씨가 말하였다.
혼란이 극에 이르러도 다스려지지 못하고, 변이 극에 이르
러도 바로잡히지 않는다면 천리가 멸하고 인도가 끊어지
게 된다.
성인이 '변풍의 마지막에 나라가 다스려지기를 생각하는

시를 두어서 순환의 이치를 보인 것이니, 난은 다스릴 수 있고, 변을 바로잡을 수 있음을 말한 것이다.

陳氏曰：亂極而不治, 變極而不正, 則天理滅矣,
진 씨 왈   란 극 이 불 치   변 극 이 부 정   즉 천 리 멸 의
人道絶矣. 聖人於變風之極, 則係以思治之詩,
인 도 절 의   성 인 어 변 풍 지 극   즉 계 이 사 치 지 시
以示循環之理, 以言亂之可治, 變之可正也.
이 시 순 환 지 리   이 언 란 지 가 치   변 지 가 정 야

진순은 주희 만년의 고제(高弟)입니다. 그도 정이천 선생과 같은 입장입니다. 천도와 인도는 사라질 수 없는 자연의 이치이기 때문에 극(極)에 달하면 반(返)할 수밖에 없다는 것이지요.

공자님이 변풍의 끝에 〈비풍〉, 〈하천〉을 배치한 것은 이런 순환의 이치를 밝히기 위한 깊은 뜻이 있는 것이니, 후학이 마땅히 알아야 한다는 겁니다. '궁즉변'(窮則變)! 만사는 일정한 시간이 흐르면 변화하기 마련인 법, 사람 사는 세상도 예외는 아니지요.

「조풍」을 마치며

이렇게 「조풍」 4편 15장을 읽었습니다. 「회풍」, 「조풍」처럼 약소국의 시들을 읽다 보면 안타까움이 밀려옵니다. 약육강식의 시대, 생존의 길이 보이지 않기 때문이지요. 군주의 방탕, 오만, 무능까지 더해지면 더욱더 앞이 캄캄합니다. 결국 회나라는 정나라에 합병되었고, 조나라는 송나라에 멸망했지요.

이쯤에서 계찰의 코멘트가 궁금하실 겁니다. 계찰이 기원전 544년(노 양공 29년) 노나라를 예방하여 '주악'(周樂)을 듣고 남긴 말들은 유명하지요. 그런데 「회풍」 이하는 언급이 없습니다[自鄶以下, 無譏焉]. 계찰은 「회풍」과 「조풍」에 대해서는 노래를 듣고도 아무 말도 하지 않은 겁니다. 씁쓸하군요. 언급할 가치조차 없다고 생각한 것이지요. 저는 계찰이 공자님처럼 변풍의 끝에서 반전의 이치를 기대하는 많은 사람들의 열망을 보는 수준까지 이르지 못한 것이라고 봅니다. 계찰은 오왕 수몽(壽夢)의 막내아들로 당시 오나라는 남방의 강대국으로 부상하고 있었으니까요. 아무리 뛰어난 인물도 국운이 상승한다 싶으면 힘없는 나라들을 무시하지요.

이렇게 「제풍」 11편, 「진풍」 10편, 「조풍」 4편, 모두 25편을 읽었습니다. 다음에는 「위풍」(魏風), 「당풍」(唐風), 「진풍」(秦風)으로 가겠습니다. 동쪽 제후국과는 다른 서쪽 제후국들의 시입니다. 계속 기대하셔도 좋습니다.